代序言

　　小廉出生在国家处于生死存亡的抗日战争最艰难的 1941 年。在童年的记忆里，他是一个多灾多病的孩子。小时候，妈妈常说，那时家里很困难。妈妈怀他时还得起早带晚的下地劳动，差一点就把他生在地里。后来，他一直是多灾多病，有三次与死神擦肩而过。最险的一次是他患重病，眼看快要死了。妈妈已没法可想，只好含着泪找了一块木板，准备给他做一个小棺材。幸亏奶奶在邻居那里听到一个偏方，这才救了他一命。妈妈和奶奶都很疼爱他，为了使他能躲避灾难，她们听说女孩比男孩容易养活，就给他起了一个女孩用的乳名"三丫头"。在他的童年时侯，是不可能有现代孩子们常吃的牛奶、巧克力，也没有什么好玩的玩具及漂亮衣服，他只能穿那些姐姐和哥哥不能再穿的衣服和鞋子。那时候，每天能有稀粥灌饱肚子就很满足了。能活下来就算是幸运的。本书收集了从 1941 到 1953 年的 12 年期间的往事。管中窥豹，这或许也能反映一些，那个时期儿童生活的真实情况。全书按时间顺序大致分为三部分，即抗日战争时期、人民解放战争时期和新中国成立初期。前两部分反映了儿童们在敌人进行清乡(扫荡)时逃难生活，疾病、亲人分离、白色恐怖、饥荒等；也从侧面反映了日本侵略者和国民党军队走向失败的过程，以及人民群众与新四军、人民解放军之间亲密关系。后一部分反映了翻身农民，在人民政府领导下发展生产，生活得到改善和基层民众支持抗美援朝的捐献活动等。同现在孩子们的生活相比，那时候的儿童生活是很困难的。特别是战争年代，逃难时还会面临被敌人杀害的危险；由于敌人的封锁，根据地的经济和物资供应很困难；孩子多的人家，衣服、鞋子都是大孩子穿不了后，就给小一些的孩子；煮一个蛋鸡也往往是几个孩子分着吃。即使是过新年的压岁钱，也只有相当于现在的几分到几角钱。根本不可能有现代孩子们物资丰富的幸福生活。但尽管生活很困难，在老一辈人"爱"的关怀下，他们后来都成长为新中国的建设者。这个年代的"孩子"，希望能把当时生活情况告诉给现代及以后的孩子们。千万不要忘记我国曾经经受的困难。本书的服务对象是小学和中学学生。

作者简介

王连方，男，汉族，1941 年生，江苏省靖江市人。1965年毕业于北京医学院（现北京大学医学部），随后志愿到新疆工作。退休前为新疆疾病预防控制中心研究员，长期从事疾病预防控制工作。曾任中共中央地方病防治领导小组地方性氟中毒专题委员会委员，中国氟研究协会副会长，卫生部地方病专家咨询委员会委员等。发表论文 160 余篇。发现新疆饮水型和饮茶型氟中毒、高碘性甲状腺肿、塔里木地方性软骨-骨膜病及中国大陆第一个地方性砷中毒病区。主编出版"地方性砷中毒与乌脚病"、"王连方医学文选"，参编出版专箸 10 部（其中国外 3 部）。享受国务院特殊津贴。

前言

远离家乡的游子，进入老年时期，往往会产生对家乡的思念之情。这时，童年时期在家乡的情景，常常会浮现于脑海中挥之不去。笔者退休之后连续带了两个孙辈孩子。有时， 天真的孩子会问起：那时的孩子们有没有牛奶、巧克力？他们吃什么，有没有现在孩子们的好玩的玩具？有漂亮衣服吗?对于这些问题，一时还真难以回答。 想到自己童年时曾三次与死神擦肩而过的经历，那时能活下来就很幸运了。童年，是人生的起始阶段。尽管当时处于战争时期，生活十分艰难，但也有值得回味的最美好情节。笔者随手将其中一部分往事汇集成册，或许对现在的孩子们，了解早已过去的那个年代儿童生活情况有一定帮助。

二十世纪四十年代，是我国历史上翻天覆地的转折时期。四十年代的上半叶，我国处于民族危亡的抗日战争最艰苦时期。那时，中国人民在中国共产党领导下，经过十多年的艰苦斗争，最终赶走了日本侵略者。抗战胜利后，蒋介石发动内战，妄图消灭共产党，重新走法西斯独裁老路。经过三年解放战争，推翻了蒋介石的反动统治，建立了人民当家的新中国。国家由任人宰割的半封建半殖民地社会，进入了独立自主的和平发展新时代。与现代的孩子们的幸福生活相比，那个时期孩子们的生活，处于难以想象的困难境地。"安不忘危"；虽然那两场战争已过去半个多世纪了，但却难以忘记曾经经历过的战乱时期的童年生活。本书选编了从抗日战争到建国初期的那段特殊历史时期间，笔者及儿时同伴们所经历的七十余件往事。揭示了那个年代的人们，尤其是儿童们，在贫困、饥荒和动荡不安的战争环境中的生活状况，同时也在一定程度上反映了建国后农村人民的生活变化。当年的这一代孩子们，在老一辈人"爱"的关怀下，渡过了那段难忘的童年，成长为新中国的建设者。几十年过去了，现在都已年过七十，其中很多伙伴也已离开人世。回顾这些童年时期的经历，目的是想把那个时代儿童的真实生活情况告诉给我们的后人。让现代的孩子们能对比一下两个不同时代的"童年生活"。

现代美好的生活来之不易，要好好珍惜。在童年时期要好好学习，长大后才会有能力参与国家建设，只有国家强大了才能不受人欺负。战争年代虽然已经过去六十多年，但我们仍要警惕那些对我国还怀有不轨之心的那些人，他们不但没有对侵略我国所犯下的罪行有所悔改，反而力图否定二战期间的反法西斯胜利成果，妄图重走军国主义老路。

本书收集的７０余篇往事，文后多附有约 100 字左右的相关联接及简要的篇后诗。按时间顺序分为三个阶段:抗日战争时期、人民解放战争时期和建国初期。

| 目錄 |

| 目錄 |

| 目錄 |

背景篇

（1）历史背景

　　二十世纪上半叶，人类经受了两次浩劫，在短短的数十年间发生了两次世界大战。战争波及世界五大洲，导致数以千万计的人员死亡，财产损失则难以计算。其中，以我国损失最为严重。从 1937 年到 1945 年的抗日战争期间，我国军民约牺牲 3500 多万人。日寇对我国同胞所施行的战争罪行十分残酷，仅仅是发生在 1937 年底到 1938 年初的南京大屠杀事件中，6 周内就有三十万余同胞被杀害。战争期间日寇侵占了大半个中国国土，疯狂掠夺了无法计数的财产。日军所到之处，对我国同胞进行了奸淫烧杀，对于敢于反抗的村(屯)实行了烧光、杀光、抢光的三光政策，常常血洗村屯，制造无人区。对于未被侵占的很多城镇，则进行了狂轰滥炸，使人民的生命财产受到严重的损失。为了征服中华民族，他们还公然进行化学战，用毒气杀人。他们建立细菌战部队，用细菌制造瘟疫屠杀中国人民，犯下不可饶恕的罪行。

　　从历史上看，日本侵占中国的野心历来已久。早在 16 世纪，我国明代时期的倭寇事件，就是日本海盗(倭寇)在我国沿海进行烧杀抢夺，杀害了数十万中国军民，掠夺了大量财富的历史事件。19 世纪，日本的明治政府制定了向外扩张的政策。把征服中国和亚洲作为他们的目标，不断发动侵略战争。1879 年吞并琉球，随后侵占朝鲜，并制定了侵略中国的计划。1895 年通过甲午战争，侵占了我国的台湾、澎湖等大片领土。民国初年，日本秘密地通过支持袁世凯称帝，提出了全面灭亡中国的"21 条"。

　　到了 1931 年，日本公然发动"九一八事变"，侵占了我国东北全境，加快了其灭亡中国的步伐。1937 年 7 月 7 日，日本发动了卢沟桥事变，全面侵华战争爆发。扬言三个月灭亡中国。1937 年 8 月 13 日，发动"八一三事变"，于三个月后占领上海。12 月 13 日攻陷南京，杀害了三十万南京同胞。靖江县城于同年 12 月 8 日被日军侵占。当时，面对手无寸铁的平民，日军进行了残酷的烧、杀、抢夺，城里五百多民房被炸毁或烧毁，数百人被杀害。日军奸淫妇女，逼迫妇女当慰安妇。随后，策动汉奸建伪维持会及伪军，在重要乡镇建立据点。经常出动日、伪军到乡村"清乡"，对不满其统治的村镇实行烧光、杀光、抢光的三光政策。搞得老百姓惶惶不安，看到他们出动就赶紧逃避。

靖江人民有光荣的反抗侵略传统，面对侵略者敢于进行不屈的斗争。面对人民反抗，侵略者在这块土地上制造了多起惨案，疯狂残害我同胞。其中，最为惨烈的离王家弄最近的，要数"新港——斜桥惨案"。时光返流到八十多年前的 1938 年 2 月 15 日，日军从军舰上乘汽艇在新港上岸后四处作恶，被当地游击队打跑。两天后，大批日军在两架飞机掩护下在新港上岸，对当地民房、船舶进行狂轰滥炸，并沿着新港至斜桥公路推进，他们见人就杀，逢村便烧。当时离大路近的通州圩、十节埭有 98％的房屋被毁。以致后来人们只要看见日本兵就远远地躲开。那时候谁家孩子哭闹，只要喊一声："日本人来了"，就不敢再吵闹了。尽管日本兵那么凶残，人民没有屈服。民间自发组织的抗日游击队仍然活跃。1938 年 2 月的范家石桥伏击战，打死日军 43 人。

1940 年新四军东进，成立了靖江县抗日民主政府，在农村也建立了各级民主政府。组建了各级抗日游击队武装，那时区有区中队，乡有小队，村有民兵组织。为支持抗战改善人民生活，发动群众开展让租让息，组织农民抗敌协会，有组织开展对敌斗争。在长安抗日根据地，人称"小延安"。同时建立了抗日武装"靖江独立团"。此后开展了在共产党领导下的全民抗战.人民抗日武装在战斗中迅速壮大，改变了全县抗战形势。1944 年开始对敌反攻，日伪军被局限于一些据点。1945 年 8 月日本无条件投降，抗战终于胜利了。一时间人民欢欣鼓舞，满以为得到了和平。但好景不长，短暂的和平后，没过多久，蒋介石就发动了全面内战。

1946 年元旦，蒋介石派国民党兵占领县城，随后又占领了各乡镇。那时候，还乡团和国民党特务横行乡里。想过和平日子的幻想破灭了，人民又回到了可怕的战争时代。刹那间，白色恐怖笼罩着大地，人民生活陷入了极端困难的境地。在那恐怖的年月，靖江独立团坚持斗争，直到 1949 年 1 月再次解放县城。人民解放军渡过长江后，独立团完成了史命，同年 5 月撤销建制。在渡江战役中，靖江人民积极支前，为渡江胜利作出重大贡献。

失民心者失天下，经过三年解放战争， 蒋介石的八百万军队被打垮了。当年曾不可一世的蒋介石政权被推翻，迎来了人民当家的新中国。国家从此走上了和平、建设的新时代。（文中有关靖江史料，主要综合于"靖江网"及"江苏县邑风物丛书"等。）

抗战期间王家弄周围形势图

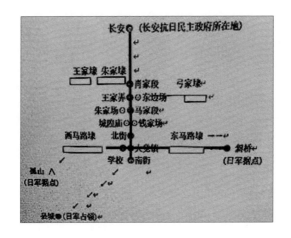

（2）地理和人文背景

上世纪四十年代，"王家弄"这个地方只是一个在地图上找不到的小地方。在地理位置上，为靖江县东部古镇---大觉镇北街的一段。"靖江"原为长江下游江心沙洲。是一块由江中泥沙淤积而成的陆地。所以又被称之为"浪花捧起的土地"。三国时期，为东吴放牧军马的牧场。宋代时金兵南侵，抗金名将岳飞应诏南撤时，跟随的中原百姓被安置于此，成为这块土地的早期开拓者。15世纪时，明代政府为了平定海盗，在此设立"靖江县"，有绥靖长江之意。历史上，这里的人民为抗击侵略者曾做出过重要贡献。在明代，有席上珍壮士抗倭保城;在清代，鸦片战争时期，靖江军民抵抗英国侵略军进攻，迫使敌军败退，使苏北地区免受英军侵扰。靖江也是一个气候宜人的平原水网地区，河、港、沟、渠交织成网。1938年12月，日军占领靖江，制造了多起屠杀惨案。在共产党领导下，靖江人民组织了地方抗日部队"靖江独立团"和乡村游击队。建立了抗日根据地。开展游击战打击日寇及伪军(汪精卫的"和平军")。当时，以长安为中心的根据地被人们称为靖江的"小延安"。

大觉镇是靖江东部的一个古镇，位于长安抗日根据地南端，距日寇盘踞的斜桥镇约4华里。"王家弄"处于镇北街的北部，南距镇中心约1华里。其南面隔百米为"马家段"；北面约百余米为"肖家段"，后者为北街的末端。西和西北部均为农田，约1里外分别为"王家埭"和"朱家埭"两个自然村落，与"肖家段"组成"朱王村"。"王家弄"有十多户人家，绝大部分为王姓人家，系清朝末期从江南迁入的王姓移民的后代。主要住在街道东西两边，仅四户居于东隔一条小河沟(南沟)的"东边场"处。再向东隔百余米为仅有不足十户的"弓家埭"，村东边有一条南北向流过的"东港"，涨潮时可供船航行。从"东港"引出三条分别称为南沟、东沟和北沟的小河沟，组成一个农田灌溉系统。抗战时期"王家弄"和"弓家埭"合称"弓王村"。因处于交通要道，是敌军"清乡"时进攻长安根据地要经过的地方。

2

出生险情

　　1941 年的春播似乎来得有些晚。本应是春播大忙的时候，白天田里却见不到几个人。日本兵与"和平军"几次"清乡"，搞得村民们白天都不敢下地了。"喔、喔、喔!"不知是谁家的公鸡打破了寂静的黎明，年轻的妈妈被鸡叫声惊醒。她揉了揉眼睛，看看屋顶上的天窗，黑黑的天空中还有几颗星星在闪烁着，离天亮还有一段时间。实在太困了，多想再睡一会儿。连日来，白天既要拖儿带女地"跑情况"(躲避日、伪军)，还要不失农时做农活。何况还拖着 9 个多月的身孕，真累人啊。可这季节是不等人的，耽误了农时，秋天就没了收成，一家老小吃什么。看了看睡得正酣的丈夫，犹豫片刻还是推了推，"孩子他爹，该起床了。"年轻的爸爸，一位农村私塾先生，似醒非醒地"嗯"了一声。接着嘟哝了一句"该死的日本人!"不大情愿但又无可奈何地坐了起来。年轻妈妈叹了口气应道"要不是日本兵捣乱，我家那块地的芋头早就种完了。"言下之意，那样的话也就不必要你这个"先生"下地了。随后她从枕头下摸出了打火石，点燃了火捻子，吹着后又点亮了豆油灯，灯芯头上顿时出现一粒小小火苗。就着昏暗的光线俩人起床后收拾一下农具和芋头种。这时，隔壁房间传来了带着孩子睡的奶奶的声音："银郎娘，你身子重，这几天可能要生了，悠着点啊。趁孩子们还都睡着，我一会儿就起来烧粥(煮早饭)。"俩人出了门，摸着黑走到垛前的农田时，东方的天边也渐渐露出了鱼肚色曙光。就着朦胧的晨光，走进准备套种芋头的麦子地里，麦苗上已结了很多露水。裤脚管被露水打湿后冷飕飕的。俩人也顾不得许多，便开始套种芋头。这活儿说起来也不难，按一定距离在麦苗行旁，用小锹挖一个小坑，把芋头种放入坑内，将其埋上压实就可以了。尽管活不算很重，但对于一个快要临产的孕妇来说，弯起腰来还真不容易。天还未大亮，农田里又陆续来了很多做农活的庄户人。"早啊"，"早啊"，互相打着招呼。不一会儿，伯父和伯母也来了，两家的地挨得很近。白天因为害怕日本人来"清乡"，人们只好利用早晨相对安全的时候，赶紧把种子播下去……。东方的太阳已上升到树梢高，只剩下少量的芋头种还未播下。突然，年轻的妈妈觉得腹部下坠，且阵阵剧痛难忍，她想:可能真的要生小孩了。

面对这突然情况，父亲和伯父赶忙停下手中的农活，架着她往家赶，伯母则忙着去找接生婆。好在离家不远，总算艰难的回到家。不一会儿，接生婆也跟着伯母进了门。她是一位精明能干的中年女性，曾在新四军卫生队开办的新法接生培训班学习过。一进门，她就忙开了……。几分钟后，"哇…"屋里传出了婴儿啼哭声，一个瘦小的男孩顺利出生了。取大名为"廉"，由于家里已有一个姐姐和一个哥哥，按习惯大人们就叫他"三儿"。因当地有一个新四军连队在打日本兵，为老百姓做了很多好事，就给他取乳名叫"小连"，妈妈有时则喊他"三连"。三天后的早晨，给他喂完奶后，妈妈把他交给了奶奶，又挎起了一篮芋头种到地里去了，她要把还没有播完的芋头种都播完。

 相关联接

1941 年春，抗日战争进入了相持阶段。我家住在江苏省靖江县东部大觉镇的一个叫"王家弄"的地方。这里距日寇占据的斜桥镇仅约四里路，距离抗日根据地长安镇约五里。经过 4 年的抗战，形势本来已有好转。靖江独立团和游击队已控制了大部分农村地区，日本人仅占据着一些据点周围。但是，1941 年 1 月发生的皖南事变，使局势发生了变化，日本兵与"和平军"(伪军)乘机频频出动，对根据地和游击区进行"清乡"(北方则称为扫荡)，严重地影响了春播生产。为了不误农时，人们只好用早晚敌人活动相对较少的时段下地。

按传统习惯，快要生孩子的妇女是不能下地劳动的，妇女分娩后应有一个月的坐月子期。但那时，妇女们即使快要生孩了也要起早带晚下地劳动。因此，在地里生孩子的事也常发生，当然这是很危险的事。她们也不可能在家坐月子，往往过了三朝(产后第三天)就得下地劳动，有敌情时也得拖着虚弱的身体逃难。

半夜鸡叫天无光，六甲之母下田忙，敌后人民真悲惨，只因倭寇搞"清乡"。

抗战时期的战备干粮"焦雪"

"焦雪"本是当地的一种传统食品，也是农村在大忙时期所采用的方便食品。在抗日战争时期，是靖江农村中最常见的战备干粮。这是一种用元麦制作的简易快餐食品。制作"焦雪"的方法很简单，一般人家都会自己制作。一般是先将元麦洗去尘土后晒干，然后将干麦子放在铁锅里，用慢火不停地炒，直至麦粒表面呈浅焦黄色，并发出炒焦的麦香气味。放凉后在石磨上磨成麦粉，再用罗筛(一种用于米粉过筛的筛子)把麸皮筛去而成。因为这种麦粉吃的时候有一种诱人的焦香气味，在当地又把米粉一类的白色粉状食品都称之为"雪"(屑)。所以，将这种用炒熟的元麦磨成的面粉称为"焦雪"。由于它是一种已炒熟的食品，吃的时候不需要生火。只要先挖取适量的"焦雪"(约半碗)放在碗里，加入少量水或米汤。然后再用筷子将其搅拌成湿团粒状就可以吃。吃时用筷子将湿团粒在碗壁压成扁平的饼状，并将它随筷子送入口内。这种吃法类似西藏的藏族人民吃糌粑(青稞粉)的方式。刚做好的"焦雪"吃起来很香，吃后较长时间都不觉得饿。但是，胃肠功能不好的人，吃后易发生消化不良。我的腹泻病，很可能是与逃难时吃了用生水调的"焦雪"有关。

"焦雪"这种食品，在战争年代是很受人们欢迎的。因为在那个年代，日本兵和伪军都随时有可能出现。一旦发现敌情时，人们需要尽快逃离险境，往往来不及做饭。而做一次"焦雪"则可吃十多天也不会变质，比一般食物保存时间要长得多。在情况紧急时，挖一些"焦雪"放在布袋里随身携带，就能解决逃难时的吃饭问题。所以，那个时候家家户户都备有"焦雪"和干粮袋。一旦遇到需要转移的紧急情况时，就可以带上它，迅速从家中撤离。

除普通群众外，"焦雪"也是当地地方部队和游击队常用的军粮。因为，在行军打仗时它便于随身携带。那时，干粮袋(可装焦雪)、小搪瓷碗和毛巾是战士们最常用的个人生活装备。在和日寇周旋的游击战中，为了不暴露军情，往往是不能生火做饭的。这时，只要在老乡家找些水就可以用"焦雪"当饭吃。有时，战士们的干粮吃完了，人民群众知道后也会很快地从自己家里挖一些"焦雪"来补充。从而使战士们解除了供应一时跟不上的困境。"焦雪"确实给战士们的生活提供了方便。

在抗日战争和解放战争胜利后，"焦雪"这种曾经为战争中的军民做出过贡献的食品，也因和平时代的到来而渐渐失去了存在的意义，并慢慢地被人们遗忘。随着时间的推移，当年农村里普遍使用的石磨也早已退出日常生活。人们已没有必要，也没有工具来制作这种昔日的食品。以至今天，曾经是家家户户都有的"焦雪"现已难寻踪迹。对于在那个时代曾经生活在这块土地上的人来说，真是难以忘记它那诱人的焦香味道。它曾伴随着我们走过那艰苦的战争年代。

 相关联接

在五十年代的朝鲜战场上，"焦雪"的孪生食品炒面(一种炒熟的小麦面粉)，当年也曾是志愿军战士们生活中离不开的方便食品。英勇的志愿军战士们，面对武装到牙齿的敌人，在冰天雪地的朝鲜战场上，冒着敌人的炮火，在阵地上过着一把炒面一把雪的生活。顽强地抗击着强大的敌人，为世界和平做出了巨大贡献。

粒粒元麦血汗粮，炒熟磨粉作干粮，敌后军民随身带，吃饱肚子打胜仗。

看演出

时光流到 1942 年春末，经过艰苦的对敌斗争，抗日根据地已有很大程度扩大。一般情况下，日、伪军虽然白天有时还会出来搞"清乡"，但晚上已不敢出据点了。因此，只要白天没有敌人捣乱，晚上还是相对安全的。这时的小廉已满一岁了，可以靠着凳子挪几步，嘴里也能说一些简单的词语。一天中午，刚吃过午饭，姐姐在摇着摇篮哄他睡觉："小小的船儿两头尖，摇着船儿去把外婆见，我们一起用力摇，摇呀摇，摇呀摇，摇到外婆桥……"忽然听到有人在街上喊着"乡里和新四军的宣传队晚上要在'东边场'演戏"。消息很快就传开了，农村里平时也没有什么娱乐活动，听到这个好消息，大家都想晚上一定要去看。

下午，妈妈薅完棉花地的杂草后，就早早地回到家里。因为晚上要看演戏，她匆匆忙忙地把晚饭做好了。太阳还没有落山，一家人就已经吃完晚饭等着去看演出。这时，对门的大伯和伯母也已经吃过晚饭，并准备和我家一起看演出。这时的小廉才一岁多，当然还不会看戏，但也不能单独留在家里。就这样，妈妈抱着他搀着奶奶，伯父和伯母带了两条长板凳，大姐拉着二哥，一起到演出场地去占位子。这时，场里已经有不少人也在等着看演出了。伯母很喜欢小廉，一般"跑情况"时都是伯母带着他的，这一方面是因为妈妈除了三个孩子外，还要照顾奶奶；另一方面，伯母没有孩子，万一遇到日本兵，没有孩子的女性会被敌人误认为新四军的女干部而惨遭杀害。放下凳子后，她就从妈妈手中接过他。天色渐渐地暗下来，来的人也越来越多，临时搭建的戏台上的汽灯也点亮了。主持人要大家安静一下，请乡里的领导作了简短讲话后演出就开始了。先是宣传队的队员演出的合唱、舞蹈……，随后开始演话剧。第一个节目是"放下你的鞭子"。戏台上两个逃难的父女在卖艺，小女孩突然停止了表演，她父亲就举起鞭子打她。围观的一个青年看不过，就夺下鞭子并质问他"为什么要打孩子?"他当即哭诉着:日寇侵占了他的家乡，他的家人先后都被杀害了，幸免于难的父女俩，被迫逃离家乡以卖艺为生，他们已一天没有吃饭了，为了活命他也没有办法呀。他们的遭遇都是日本侵略者造成的，台上台下人们纷纷呼喊:不当亡国奴，把敌人赶出去……。随后又演了好几个节目，其中有一个节目，很受人们欢迎。说的是一个年轻农民和他的妻子及刚出生的小婴儿的故事。有一天，他不在家的时候，突然响起几声枪声，一群日本兵闯进了他的家，抢走东西不说，还杀害了他的妻子和孩子，一个本来美好的家庭，就这样被毁灭了。

他回家时，这股日本兵才刚离开，眼前所见到的悲惨景象令他心如刀绞，他决心为死去的亲人们报仇，就悄悄地尾随着敌人，并机智地杀死了一个掉队了正在作恶的日本兵。他拿起了缴获的枪，与赶到的新四军战士一道打跑了敌人。节目刚演完就响起了经久不息的鼓掌声。本来在伯母怀里很安静的小廉，在看到日本兵用刺刀挑起小婴儿时也惊叫了一声:"宝宝!"伯母轻轻地拍拍孩子，说了句:"三儿不怕，我们都在呐，叔叔们很快就会把坏蛋赶走的。"接着又演了几个节目。最后，台上台下同声高呼:打倒日本帝国主义、把侵略者赶出去……等口号，结束了晚上的演出。

回家的路上，人们都很高兴，议论着刚看完的节目，感到日本人是很凶恶，但只要我们团结一致坚持抗战，是完全可以打败他们的。后来，村里的年轻人都积极地参加了民兵，大一些的孩子们则参加了儿童团，跟大人们一起宣传抗日。

 相关联接

新四军东进后，在已沦陷的苏北地区发动群众，建立抗日根据地和抗日民主政府，并组建地方抗日武装，开展游击战；同时也大力开展宣传工作，发动群众进行全民抗战，打击日本侵略者，为抗日战争的最后胜利做出了巨大贡献。

东倭之兵是豺狼，奸淫烧杀太凶狂，敌后人民齐奋起，团结抗战保家乡。

5

逃难历险记

小时候的小廉，是一个很乖而文静的孩子，不像有些孩子爱哭爱闹。虽然姐姐和哥哥都很爱他，有好吃的东西也都让着点，但他并不因此而撒娇，他喜欢的东西也愿意与别人分享。有时妈妈正在忙着，和其他孩子一样，他也会吵着要妈妈抱抱。但当妈妈告诉他，现在太忙不能抱时，他只好噘着小嘴不再闹。有时他也会做一些傻事，一次妈妈在地里做农活，他饿了就哭了起来，伯母把抱在怀里哄着，而他却把头转来转去找奶吃。弄得伯母不知所措，忙说"小傻瓜，吃奶得找你妈妈，我可没有奶给你吃呀。"他的傻样子逗得在场的人哈哈大笑。不过，在众人眼中，他还算是一个讨人喜欢的小孩。

1942 年夏末，一岁多的他开始蹒跚学步，那一摇一摆跌跌撞撞的样子，像刚会走路的小鸭子那样，显得十分好笑。在抗日战争年代，年轻女性如果身边没有小孩，很容易被敌人怀疑为新四军女干部而遭抓捕甚而被杀害。伯母家没有孩子，这时的他又特别粘着伯母，每次遇到敌人"清乡"时，都是伯母抱着他躲避敌人(当地人称"跑情况")。这时，一般人都害怕孩子突然哭闹，因为这样很容易被敌人发现，搞不好还有被杀害的危险。因为他很听伯母的话，告诉他不能哭叫，他就不哭，所以伯母非常喜欢这个侄子，她常说俩人很有缘分。一天上午，已到该烧午饭的时候了。突然，从斜桥方向传来了几声枪响。过了一会儿，监视敌人活动的游击队带来消息说:盘踞在斜桥的日本兵与和平军(伪军)往这里开过来了，看样子又要经过这里到长安根据地"清乡"，已离大觉镇不远了。小弄里空气一下紧张起来，大家忙着藏粮食、装干粮，扶老携幼往西北方向躲避。村里的游击队员和民兵们也都迅速行动起来，掩护、疏导逃难的群众。奶奶是个小脚老太太，走不了远路。她不想连累大家，只好由着她在家里躲着。妈妈拉着小姐姐和小哥哥先走了，伯母帮奶奶藏好后，抱着他往"朱家垛"方向跑去。刚到"肖家段"竹园边，就发现日本兵已快要追上了，她只好抱着他钻进路旁竹园，再从竹园进入一块芋头地里。凭借着芋头的大叶片掩护，在芋头垄里躲着，她叮嘱说不能哭叫。那芋头地里又闷又热，他静静地躲在伯母怀里。面前的大路上，日本兵和伪军队伍踏着沉重脚步向北开去。伯母透过芋头叶之间的空隙，看到了明晃晃的刺刀，及刀下晃着的膏药旗，惊出了一身冷汗。因为，如果让日本人发现了，两人都会被日本兵的刺刀杀死。敌军走远后，她才缓过神来，连忙抱着他向安全地带走去。

后来有消息说，敌军在长安扑了空，他们到达长安镇时，新四军机关人员早已转移了。疯狂的日本兵枪杀了两个来不及躲藏的群众。在根据地新四军和游击队的四面打击下，吃了败仗的敌人狼狈地逃回据点。以后，有相当长时间未敢再去骚扰。

 相关联接

抗日战争时期，为了防止日、伪军突然出据点抢劫，减少人民生命财产损失。地方游击队和民兵除通过内线了解敌人动向外，常在敌伪据点外围布有监视人员，以便随时了解敌情，及时采取应对措施。当大股敌军出动时，往往穷凶极恶、气焰嚣张，很有可能行凶杀人，此时应及时躲开以避其锋芒。在野外逃难时，常举家出门，有老人和孩子的家庭，拖儿带女十分不便。有些行动不便的老人往往选择在家躲藏，这样虽然有较大风险，但也使年轻人能比较快的脱离险境。带着孩子逃难是非常困难的，因为她们既要保护孩子安全，还要解决他们的吃、喝、睡等生活问题。人们还特别害怕孩子哭闹，很多悲剧就是因为孩子的哭声，使躲藏的人被敌人发现所致。在野外生活也不方便，尤其是酷暑和严冬时期，在野外生活则更为困难。

为躲敌寇离家门，豺狼接近在后身，婶侄忙藏庄稼地，侥幸保命避敌人。

6

危险的腹泻

战争时期，人们的生活不可能像和平时期那样有规律，更谈不上如何讲卫生了。慌乱之中出门，也只能带一些"焦雪"之类的干粮以充饥，渴了也只好喝一些河、渠水。因此，生病是在所难免的事，尤其是消化道疾病更是常见。本来身体就不太好的他，回家后终于病倒了。

逃难回来后，妈妈发现原本活蹦乱跳的他，怎么突然间安静起来，变得无精打采好像总想要睡觉的样子。她想了想："可能是跑情况太累了，让他睡会儿吧。"随手就把他抱到摇篮里，并轻轻地给盖上小被子……。到吃晚饭时他还在睡，妈妈把他摇醒，抱起来喂奶他却不想吃，因为他确实感到很不舒服但又不会说。俗语小孩不会装，看来真有病了。得知孙儿病了，奶奶赶忙拿来一把黄纸，口中念念有词地，在他身上绕了几下。接着又找了一个碗，盛了半碗水，手拿一根筷子。一边低声问着已故的先人，一边试着把筷子立在碗中，试图问出是那位亡故先人让她的孙子生病了。但是筷子一直没有站立，奶奶无可奈何喃喃地说道，"不管是那位先人，还是那位神仙，请不要为难我孙儿，我给你烧钱了。"说着，又拿起黄纸在他身上绕几下，拿到屋外烧了。

天已黑了，他感到肚子难受，就低声喊了声："妈妈，肚肚。"以为他肚子饿了，妈妈连忙从摇篮里把他抱起，想端个尿再喂奶。她刚把他的两条小腿分开，他却突然拉起了肚子。一泡稀便拉后感到舒服一些。喂了几口奶后，她问了声"宝宝，吃不吃蛋羹？"蛋羹是他平时最喜欢吃的，也是家里能拿出来的最好食物。他低低地应了声"吃"。妈妈连忙拿了个鸡蛋蒸了一小碗蛋羹，还特地多加了勺猪油。稍凉后给他喂了多半碗。奶奶见了还挺高兴的，以为她的问卜灵验了……。

睡到天快亮时，他感到肚子不舒服又泻了一次。那时农村里没有医院，只有为数不多的个体郎中。年轻的爸爸先后找了几位郎中，开了几付中药，但喂后效果都不理想。镇上中药店的人说可以吃一些伏龙肝(灶心土)试试看。喂了几次还是控制不了，反反复复地泻了十多天后，除了能喝一些加了点盐的红糖水外，连奶也不想吃了。奶奶很着急，她想难道还会重复上一辈人的情况?奶奶自己曾生育过十二个孩子，但有十个都因病死去。他的病情确有些像那些死去的人。妈妈也很着急，她想孩子可能要死了，她也没有办法，含着泪找了一块木板，打算在他断气后，请邻居孙木匠帮忙做一个小棺材。奶奶到处打听治疗小孩腹泻方法，这时她打听到猪肝对治疗此病有效果。连忙让刚放学回家的爸爸去买。猪肉店的老板一听笑了说:"我这里还有一块手巴掌大的，给两个铜板拿走吧。"奶奶接到爸爸买回的猪肝后，很快就将猪肝用水煮熟，又加了些盐和大蒜叶碎末，锅里立即飘出一股诱人食欲的香味。这时的他，自己已经张不开嘴。奶奶在妈妈的帮助下，用筷子撬开他的嘴后，先用小勺喂了一些热的肝汤，再掐了一些猪肝的碎块喂着。慢慢地，小嘴也不那么僵硬了，他自己会把放到在嘴里的肝碎块咽了下去。喂了一些后，看到脸色好了些，就让他睡了。次日早晨和中午又分别喂了一次。他的病情开始好转。一家人紧张的心情才慢慢地平静下来。

由于害怕敌人"清乡"，病情好转后，妈妈就把他送到十多里外的外婆家。大舅是一位看喉和口腔病的郎中。他说:小孩腹泻应先让他饿一顿，使胃肠得到休息，此时更不能吃含油多的食物。在外婆细心调理下，他渐渐恢复了健康。原本瘦得像猴子的脸上，也显得有些肉了。

 相关联接

小儿腹泻是农村常见疾病。若及时得到治疗，一般可以康复。但那时的农村医疗条件十分差，根本就没有医疗机构，也没有正式医生。一般有了病，先想到的只是像奶奶那样求祖宗、问神仙。实在不行只好找郎中，或者找偏方。往往小病拖成大病，甚而丢失性命。因此，那时小孩子死亡率很高。像奶奶那样生了 12 个孩子，但多夭折不能成人的情况是相当普遍的。他算是幸运的，也可以说是死里逃生地活了下来。

逃难途中难卫生，饮食无常疾病生，神仙鬼怪靠不住，民间偏方救儿孙。

城隍庙

新的一年快到了，小廉在外祖母的调理下身体恢复得相当好。已有好久没有见到孙儿，奶奶心里很着急，她不知道他的病是否痊愈了。她向妈妈讲了好几次，妈妈只好到外婆家去把他接了回来。见到小廉身体已恢复得差不多，她老人家这才放下心来了。很快就到了年三十，那天祭祖先时，奶奶让他向祖先牌位跪拜，感谢祖先对他的佑护。她老人家还是认为，祖先的佑护是他康复的重要因素。同时，还不能得罪城隍菩萨。这位菩萨是管人间生死的。在孩子生病时候，奶奶是到城隍庙里许过愿的。过年期间应该去还愿，如果不去还愿，城隍菩萨生气了那可不好办。

城隍庙位于马家段和镇北街之间的大路旁边。庙门朝东，庙前有一块空地，距王家弄也就两百余米。这是一座规模不大的古庙，像一个四合院，两旁还有一些小树林。古庙看起来有些年月了，但建于何时现已无法考证。很可能是早期移民所建，那时这个地方还是全县的中心，所以建有城隍庙。后来县城南移，这个老城隍庙也就衰败了。当时，小庙前排为正殿，正中间供有城隍菩萨和城隍娘娘，两尊菩萨看起来挺慈善。但是，站在城隍菩萨和城隍娘娘两旁的判官、小鬼，则面貌则有些吓人。小庙两边的厢房是和尚们的住房，庙里有两位和尚。每年的正月十五日前后都有庙会。据说以前的庙会是很热闹的，庙里香火还算旺盛。

庙会开始的那天天气晴朗，老远就能听到从庙的方向传来的嘈杂人声。尽管还要提防日本兵袭击，但大路和庙前的场地上，还是有很多人来来往往的。有烧香拜佛的信男、信女，有卖香、烛、纸钱等迷信品的，有卖糖果、糕点和各种杂食品的，有卖烧饼、油条、麻团、汤圆、糖包子等小吃的，还有卖各种造型泥叫鸡、毽子、玻璃弹子等儿童玩具的……。小贩们的吆喝声不断。庙门前香火袅绕，上香者一个接一个。殿堂内在城隍菩萨和城隍娘娘面前，人们上供品、烧香、磕头的忙个不停。妈妈拉着小廉，扶着奶奶，也加入到人群中。她用一个铜板给他买了个糖包子，又在卖香、烛、纸钱处，买了些还愿用的迷信用品。走进庙内等着给城隍菩萨和城隍娘娘还愿。当他把包子吃完后，也就轮到她们了。望了望面前的泥菩萨还挺面善的，妈妈按着他的头跪下去磕了三次。奶奶则把供品放到香案上，点好香后虔诚地插到香炉里……。奶奶还想在庙里再呆一会儿，小廉忽然看到庙里小鬼那吓人的面容，它那样子好像要来抓他。顿时就被吓得哭了起来，拉着妈妈要往外走。见此情况，在旁边的和尚连忙低声安抚，并示意妈妈赶快离开。三人走出庙门，在庙前的场地上转了一会儿。孩子吵着要买个"泥叫鸡"。在卖"泥叫鸡"的小贩那里，妈妈问了"泥叫鸡"的价钱后，拿出一个小钱给了小贩，然后很亲切地对他说："三连，你自己挑一个吧。"他挑了一个尾巴上插有红鸡毛的"泥叫鸡"。高高兴兴地一边吹着"泥叫鸡"，一边拉着妈妈的手离开了城隍庙。

 相关联接

尽管残酷的战争还未结束，但在节日期间人们还是按照传统风俗过日子。可惜的是，古庙后来在日本飞机的轰炸中，被两颗炸弹击毁。数以百年计的古庙被侵略者摧毁了。在日本侵略中国期间，谁知有多少古迹遭到摧残。

一般庙里的塑像繁多，人物面貌善恶不一。有些塑像在形态上不那么和善，年幼的孩子易被惊吓。再说庙里香火的烟尘很多，空气污染严重，对孩子健康不利。因此，大人们最好不要带小孩子到庙里去。

小庙泥塑有良恶，香火缭绕空气浊，儿童不宜去此地，遇见丑神受惊愕。

"三丫头"的来由

孩子在城隍庙里的哭闹,使奶奶心里十分不安。她特别担心城隍菩萨和城隍娘娘会不会因为他的不敬而生气? 要是那样的话,他们会不会把灾难再次降临到孩子头上呢?怎样才能让菩萨们不会因此而生气,从而避免一场新的灾难呢?这一天,奶奶总是心神不安地不知如何是好,直到晚上还没有放下心来,躺在床上翻来覆去地难以入眠。

直到约半夜时分,她才迷迷糊糊地进入了梦乡。恍惚之中,她走到了城隍庙前,那庙门还半开半闭着。庙里面烟雾腾腾,供桌上即将燃尽的蜡烛火苗在忽明忽暗地跳跃着。惨淡而恍惚的光影下,那些神的塑像,尤其是判官和小鬼,更显得令人毛骨悚然。本想赶快离开,忽然听到里面似乎还有人在议论着什么。她定下心神,靠着庙门边仔细地听着。原来是城隍菩萨、城隍娘娘和小鬼及判官他们,在议论白天庙会上的事儿……。

城隍菩萨问城隍娘娘:"那个在我们庙里哭闹的孩子叫什么名字?他为什么要在我们庙里哭闹?"

城隍娘娘回答道:"那个孩子叫小连,他的妈妈有时喊他三连,前些时候生了一场重病。你忘了吧?他的奶奶为治疗他的病,曾到我们庙里来许了愿,求我们保佑他康复……。后来孩子的病好了,他的奶奶没有忘记这件事。这次是奶奶和妈妈带他来还愿的,没有想到他会在老爷你最高兴的时候哭闹起来,败坏了你的好心情。"

"其实,我当时也喜欢这个孩子。可他这一哭闹,却把我本来很高兴的心情搞坏了。他为什么要闹呢,是不是有谁欺负他了?" 城隍菩萨又问。

"没有人欺负他,我瞧见他本来是很听话的向我们跪拜的,他是看了一眼小鬼和判官后才开始哭闹的。我想,可能是我们的这两位面貌太丑,把孩子吓哭的吧。" 城隍娘娘答道。

"我们不丑，跟我们没关系!"小鬼和判官两位赶忙分辨着。

"那你们两个就互相看看吧!"城隍菩萨生气地对他们说道。

"这小鬼也实在太丑了!"判官看了小鬼一眼说。与此同时小鬼瞪了一眼判官后，反唇相讥地叫道:"你好看吗? 就是你那恐怖的样子，把孩子吓哭的。"……他们两个互不相让地争吵着。都说是对方把孩子吓哭的。

"不要吵了，这不是你们的错，都是那些把你们做成这种模样的那些人的错。可这孩子也不该在庙堂上哭闹。因此，他也是应该受到惩罚的。你们看应该怎么处罚他?"城隍菩萨很生气地说着。

"我看这样好不好，他不是奶奶心疼的小男孩吗，我们就惩罚他当女孩，给他改个女孩子的名字。三连， 三连，就叫他三丫头好吧? "城隍娘娘想了想说道。

"好，三丫头， 三丫头，就叫三丫头!"大家异口同声地喊着。

城隍菩萨立即命令小鬼和判官去通知奶奶给孩子改名字。他两个就急匆匆向门外冲去。

看到小鬼和判官向庙门冲来，奶奶一下没有反应过来，吓出了一身冷汗拔腿就往回跑。但两条腿却总是迈不开，一下就摔倒在地……。惊醒后，她发现自己还躺在自家的床上，原来只是一场惊梦。

那时的人对鬼神还是很迷信的。她认为这是城隍菩萨给她托的梦，是不能违背的。连忙叫醒了孩子的妈妈，把梦中的事儿说了一遍。妈妈也曾想过:白天，这孩子在庙堂上哭闹，对菩萨们是有些不敬。既然是菩萨们给奶奶托了梦，那就按他们的意思办吧。就这样，奶奶和妈妈给孩子又起了一个亲昵的名字"三丫头"。妈妈似乎还特别喜欢这个昵称。

后来，当孩子已经成了小学生时，她还常喊他"三丫头"。当然，他还得回应着。

相关联接

　　"日有所思，夜有所梦"。老奶奶担心白天孩子在庙里哭闹，可能会引起庙里的菩萨们生气，夜晚就做了这么一场梦。这也是很平常的事儿，其实并不存在所谓的"菩萨托梦"。在那个年代，农村里的男孩子，被大人取一个女孩名字的情况并不少见，尤其是那些小时候经常生病的男孩子。因为儿童死亡率很高，人们通常认为女孩子的"命"比男孩子"贱"，所以容易养活。因而喜欢给这些"宝贝男孩"取一个女孩常用的名字，希望孩子能顺利长大成人。有钱的人家还给男孩们做一个"长命锁"套在颈部。其实，也是这个意思。虽然有些迷信，但也体现了老人们对孩子的关爱。

　　日有所思夜有梦，朦胧梦境易受蒙，男孩取个女孩名，可怜长辈爱子心。

9

外婆家的腌菜

外婆家住在靖江县最北部的"文武殿埭"。穿过房后的农田可以看到一条宽阔的界河，渡过界河就进入了如皋县。只要站在外婆家的后门口，就可以清楚地看到界河对面的村庄。那里也是抗日根据地，两个县的抗日武装常常渡过界河互相配合打击日寇。"文武殿埭"位于根据地的腹地，远离敌人据点，要比"王家弄"是要安全一些。外婆家人口多，二舅、大表姐和大表哥都在根据地里工作。小姨娘和她的孩子们也常去，一到吃饭时，饭桌周围常常围坐了一大圈人。饭桌上最常见的菜是盐腌的腌菜。尤其是早饭，几乎天天都能吃到它。有时，孩子们还会把它当零食吃。我家离日军据点太近，所以形势稍紧张，妈妈就把我送到外婆家，我就成了外婆家的常客。

这次妈妈送我去外婆家的时候，已是秋天时节了。地里的大白菜也到了收获的季节，大人们正忙着收白菜，天井里放了两只大缸就是装白菜用的。人们把清理干净的大白菜一层一层地摆放在大缸中，同时撒入一些盐再把它压实。待装满一大缸后，在上面放一张用高粱秆子编的圆形垫板，最后将一块大石头压在上面……。过了大约一个多月，大白菜就成了有点酸咸味的腌菜。这时就从大缸中捞出，一颗一颗地晾在天井里的绳子上，天井和房子里顿时充满了腌菜味。好几天后腌菜的余水滴尽，就成了半干的咸菜。然后把它取下来放到坛子里，最后封好坛子口。等到白菜腌好了也就快要过年了。在晾腌菜的期间，嘴馋的孩子耐不住菜香的诱惑，常常缠着大人要腌菜吃。那时候农村里也没有什么商店，再加上敌伪和顽固派对根据地的封锁，物资供应是很紧张的。孩子们当然也就没有多少零食可吃。看着孩子们的可怜样子，大人们也只好拿一些给他们解解馋。

　　腌菜除了切碎当咸菜吃外，也可变着花样做出一些在当时来说属于美味的菜肴。有时在集市上买到一些鱼虾时，加一些腌菜就可以做出好吃的腌菜烧鱼；虾子和腌菜在一起烧也很好吃。逢年过节时，用腌菜炖或烧猪肉也是美味的菜肴。这时大人们往往只挟一些腌菜吃，而把肉分给孩子们吃。后来，条件好一些，每到过年过节或有客人来访时也会做一些好菜。这时，腌菜则多用作鱼、肉等好菜的垫底菜。放在饭桌上的肉或鱼等菜肴，表面上看起来似乎一大碗。实际上肉或鱼只是盖在表面，下面垫的都是腌菜。在那时候，实际上家家户户都是这样，腌菜成为一种给主人家撑场面的菜。作为客人当然也知道，一般也就是在下面掏一些腌菜吃吃。或者吃上一、两块肉也就不再吃了。这种撑场面的菜，往往从大年初一要用到正月初十左右。好在过年时天气十分寒冷，所以菜肴才不会坏。

　　几十年以后，外婆家的腌菜味还令人难以忘怀。

相关联接

　　我国很多地方都有腌菜的习惯，其实这也是一种风味菜。但在抗日战争那个困难时期，物资供应十分匮乏，腌菜自然成了人们生活中很常见的食品，甚而成为孩子们的零食。这也许是现代人所难以理解的。现在，我国每年在食物上浪费的现像是很惊人的。看看过去，前人正是在这极其困难的条件下，努力奋斗才打败了日本侵略者，为我们现代社会奠定了基础，我们还有理由再浪费吗？

　　腌菜虽然好吃，但常吃对身体是不好的。现代研究表明，白菜在腌制过程中会产生对人体有害的亚硝酸盐，经常吃进过多的亚硝酸盐有引发肿瘤的风险。后来，外祖父、二舅妈及她的小女儿都因患肿瘤死去，很可能与此有关。因为，同样生活在一个环境中的大舅一家，生活条件相对较好，很少吃腌菜

（大舅是当地有名气的中医），并无肿瘤发生。

　　秋末冬初收菜忙，农家心中喜洋洋，只因白菜难贮存，入缸腌制可久藏。

10

外公与他的牛

外公是一位勤劳的普通农民。他
们一家是前清晚期逃荒到此地的难民。
他的父亲带着一家三代人来到"文武殿
垛"时，那里还有很多荒地。看看这地
方不错，就留下来开荒种地。后来，老
人因劳累去世，就埋葬在一块无主荒地
上。当地的一个恶霸硬说那荒地是他家的。派他的爪牙，把已
入葬的棺材硬是用撬杠给撬到旁边的长满荆棘丛的荒地里。村
民们看不惯恶霸的恶行，帮着把这事告到县衙。县官心向着恶
霸，装模作样地向四处看了看，就指着这块荆棘丛生的荒地
说："这是一块风水宝地，能旺子孙，就不要动了。"

一家人只好忍气吞声地把这块没人愿要荆棘丛生的荒地
治理了一下。他们一边开荒，一边打零工度日。外公年轻时得
了耳病，因为没钱治病而导致严重的耳聋。听力上的障碍使他
沉默寡语，但他聪明好学又十分勤劳，当地的农活样样精通。
人们有农活需要请人帮工时，都喜欢找这位话语不多的"外乡
人"。外婆是个料理家务的好手，家里生活基本上能过得去。
但没有自己的耕牛，始终是一个心病。一次，在一个财主家打
工期间，财主家的母牛产了一头小牛后病死了。眼看这小牛也
活不了，财主还想在小牛身上捞上一点，就比划着大声对外公
说："聋子，你把它弄回去，顶你今年的工钱，好吗?"外公想了
想就把那头小牛抱了回去。

在外婆的精心照顾下，小牛奇迹般地活了下来，长成了一
头强壮的大牛。外公终于有了自己的牛。

农耕时代，牛是农民的无言伙伴。耕田、运输都少不了
它。有了自己的牛，外公做起活来更有劲。他把主要精力放在
自家地里，加上外婆勤俭持家，渐渐地小有积蓄，成为自给有
余的殷实人家。这时，外公把注意力放在对孩子的培养上。他

送两个儿子读书，再让大儿子拜中医学徒，后来成为当地有名的郎中(中医)。二儿子成了教师并参加了革命。再后来，他又资助两个女婿读书，使他们成为人民教师，也参加了革命。那年代，社会上封建思想还很重，女孩子还在缠足，但他没让孩子这样做，使她们日后都能在地里做农活。外公非常爱护他的牛，每天都要亲自给牛准备饲料。他铡的草料都有一定的规格，给牛喂的豆饼等精饲料都要煮熟才给牛吃。他常说:"草料不好，牛吃不好，那有力气干活。"犁地、拉车时，他从来不把鞭子打到牛身上。休息时，牛在休息他却在牛身边忙来忙去。那牛在外公、外婆面前显得非常老实。但见到生人时，"牛脾气"也很大。在小廉刚到外婆家时，外公还特地叮嘱不要让他到牛圈旁玩，害怕牛会伤着他。有一次，调皮的小廉趁人没注意跑到牛圈旁，牛就瞪着眼睛冲着他"哞、哞、哞……"地吼叫起来，吓得他哇哇大哭。幸亏外婆及时赶到把他拉走了。

人们常说:"老牛通人性。"外婆想:这孩子跑来跑去也看不住，不如让他和牛熟悉一些。后来，外婆喂牛时也让他在身边看。这牛见多了，也就不再对他叫了。小廉也学着外婆的样子给牛喂食，那牛也毫不犹豫地吃起孩子喂的饲料。

老牛在外婆家时间长了，也渐渐地老了，干起活来也大不如前。有一次，出外犁地时竟不慎把牛蹄弄伤了。外公想了好多办法帮它康复。但是，很久后，走起路来都瘸着，根本干不了农活。外公很伤心，没办法只得把它卖给了牛贩子。牛走的那天早晨，外婆含着泪特地给它煮了一锅米粥。那牛喝完粥后，眼里流着泪，瘸着腿被牛贩子牵走了。这一天，外公不吃不喝地睡了一整天。

 相关联接

牛是农民忠实的朋友。牛是通人性的，人与牛的和谐共处，创造了几千年的农耕文化。当一个老年农民突然失去了相伴多年的耕牛时，这不仅仅是财产上的损失，同时也有情感上和心理上的损伤。此后，外公的身体也渐渐变差，没有几年便病逝了。

地主老财太荒唐，难养小牛顶工账；外婆细心来调养，外公有牛心愿偿；

牛是农民家中宝，耕田运输都需要；农耕相伴数十年，耕牛病失人衰老。

11

舅妈的水芹

二舅妈的一家一直与外公、外婆住在一起。家里的衣食事宜也都由她来张罗。她的大女儿和小廉同岁。妈妈生了四妹后，为了减轻妈妈的负担，外公就把小廉接了过去。舅妈也很喜欢这个小外甥，这几个孩子也能玩到一起。虽然那时经济条件都不好，但有好吃的也常常向着点小廉，因为他毕竟还是她家里的小亲戚呀。

一天早晨，舅妈从早市上买菜回来时显得很高兴。她逗着小廉说："三儿，猜猜看，舅妈给你买了什么？"他猜了糖、花生等，舅妈都说不对。她笑着说："不要猜了，吃午饭时你再看。"望着舅妈的菜篮子，他看到了一种以前没见过的菜。这菜水漉漉的，菜梗子长长的，菜叶有点像平时常吃的芹菜。中午吃饭的时候到了。一家人围坐一桌等着开饭，舅妈把已烧好的饭菜逐一端上桌来。在小廉面前，她摆了一盘以前从未见过的菜。小廉想：这大概就是早晨舅妈让我猜的那种菜吧。这菜的梗子有点像芹菜，闻起来还真有一种说不出的香味。因为以前没见过，也不知道叫什么，当然就不敢吭气。舅妈给大家盛好饭后，就坐到他旁边的座位上。她问小廉：知道不知道这是什么菜？他摇摇头说不知道。她挟了一筷子放到孩子碗里说："尝尝看，味道好不好？"平时他对芹菜并不感兴趣，但还是很有礼貌地尝了一些。吃后感到很好吃，就应了一声"真好吃"。舅妈很开心地说："好吃，哪你就多吃点吧！"说着又给他挟了一些。这一顿饭，除了这盘菜外，小廉没吃别的菜。饭后，舅妈见他很喜欢吃就问道，"现在知道这是什么菜吗？"，他老实地回答"不知道。"舅妈和蔼地对他说："告诉你吧，这菜名叫水芹。它不是我们这里的蔬菜，所以平时吃不上。当然你是不会知道的。它是长在江南水地里的一种水生蔬菜，也是当地称为水八仙(鲜)中的一种水菜。今天早市上被我看到，就买一些回来给你尝尝鲜。"

由于那时日本人常常对长江进行封江，江南的蔬菜很少能运到江北。后来，在外婆家，也就再也没有能吃到这种美味的江南蔬菜了。再后来他到北方求学、工作，当然更不可能吃到这种南方的蔬菜。几十年过去了，舅妈和她特意为他做的水芹，这种亲情却深深地印在脑中难以忘却。为了回味这种特有的诱人香味， 几十年以后他在新疆引种了水芹。但在旱地种植的水芹，却再也吃不出儿时水芹的口味。

 相关联接

水芹是江苏南部太湖流域的一种水生蔬菜。它虽然也开花却很少结籽，全靠茎上腋芽进行无性繁殖。嫩的茎和叶可以炒着吃，也可以与白菜或其它蔬菜配着吃，或放到菜汤里吃。此菜有一种特有的诱人香味，以致吃后还深深地印在脑中难以忘却。前些年，在上海市场上见到此菜。那菜香味令他的思维穿越了六十多年，回到那抗日战争时期的江北乡村。舅妈那熟悉的身影和慈祥的面容仿佛就在眼前。老人的一生很不容易，时逢战争年代，中年后又遇婚变。但她却不离不弃地支撑着本已破裂的家庭，抚养子女，伺候年老的公婆，真是令人可敬。

舅妈普通农家人，敬老抚幼受人尊，尽管中年遇婚变，养老抚子至终生。

分蛋记

" 咯咯蛋……"，家里的一只最能下蛋的老母鸡在窝里叫了起来。听到鸡叫声，小廉就拉着妈妈的手向鸡窝走去。妈妈明白，这个"小馋猫"想吃蛋了。在抗日战争时期的农村，农民手中很难有多少可用的钱。为了应付日常生活中必须开支的一些零花钱，一般人家都会放养几只母鸡。这些母鸡除下蛋时回窝外，白天都会自己在外面找吃的，一般不需要喂多少饲料。那时，一个鸡蛋约合现在的五角钱。所以，一般人家都是累积起来，拿到集市上卖些钱，或换一些油、盐、酱、醋，以及针线等日常生活用品，平时是不会随便吃的。我家也养了好几只鸡和鸭子。它们也很争气，每年能产不少蛋。对于这些蛋，平常妈妈也是舍不得吃的。在孩子们的记忆里，除了逢年过节外，妈妈只是在有三种情况时才会煮鸡蛋：一是孩子们过生日时，给过生日的孩子煮一个鸡蛋，作为庆祝生日的礼品；二是家里来了亲戚或贵客时，妈妈往往会煮三个荷包蛋，用来招待客人；再就是有人生病了，妈妈也会煮一个鸡蛋给病人增加营养。

妈妈看了看鸡窝，那里面还真的有一个刚下的鸡蛋，摸起来还感到热呼呼的。这只母鸡是妈妈最喜欢的，它不但下蛋多，而且快到下蛋的时候都会自己走进窝里。小廉的康复自然也有它的功劳。妈妈看了看他瘦瘦的脸蛋，心想这孩子大病后还没有完全康复呐。她随手抓了一把稻谷撒在地上慰劳它，这母鸡也毫不客气的啄食起来，吃完稻谷后就出去了。鸡蛋放了一会儿，等老母鸡出去了，妈妈终于还是决定拿去放到锅里煮了。这时的他却有些等不及，妈妈笑着说："不要急嘛，等这鸡吃饱后走了再煮也不晚。要不然它看到你煮它的孩子，它会生气的。如果它真的生气了，不愿意再生蛋，那你可就没有蛋吃了。是吧？宝宝！"

没过多久，鸡蛋就煮熟了。妈妈轻轻地把蛋捞起，放到一碗冷水里。这时，大姐从外面回来了。妈妈问她想不想吃点蛋?大姐咽了下口水说:"给弟弟吃，弟弟身体不好，吃蛋可以给弟弟补补身体。"妈妈看了看懂事的大女儿，她只不过比她弟弟大四岁啊。平日里有什么好吃的，她都会让着两个弟弟的。妈妈再没有说什么。她拿起那个已煮熟的鸡蛋，在桌面上轻轻地磕了几下，又顺手把蛋放在两手的掌心里来回搓了搓。然后，很利索地把蛋壳剥去。接着，又在自己头上拔了根头发，用湿布抹了几下。然后，两手拉着头发的两端，把头发压在蛋上，来回拉了几下，将鸡蛋分成了两半，分别给了小廉和姐姐。姐弟俩高高兴兴地接过蛋。小廉几口就把蛋吃完了;姐姐却像品尝珍贵美味那样，很小心地先挖了一点点蛋黄，慢慢地品味着……。等他吃完了，她的蛋黄都还没有吃完。他两眼又盯着姐姐手里那还没有吃完的蛋。姐姐看着弟弟那可爱的馋样子，就把手中还没吃完的蛋白掰了一半给他，拉着他的手出门去玩了。

妈妈望着两个孩子的背影，叮嘱了一句，"带好你弟弟，别让他乱跑!"

相关联接

在那个时代，孩子们没有什么零食可吃，即使自家鸡下的蛋也舍不得吃。家里来了客人要用它来招待，日常生活中的一些必需品，也还要靠鸡蛋来换呢!一般情况下只有在生病时才有可能吃上蛋。煮一个鸡蛋，几个孩子分着吃，是很常见的事。那时候的孩子懂事也比较早，特别是在孩子多的家庭里，常常是大孩子带着弟弟、妹妹。"穷人的孩子早当家"，那些当哥哥或姐姐的孩子，很小就成了父母的好帮手。尽管他们年龄也不大，但照顾起弟弟、妹妹来，就像一个小大人。

战时鸡蛋也是宝，家用开销向它要，孩子病后需营养，煮个鸡蛋成佳肴。

根据地里的儿童游戏

由于战争和日寇的封锁，在抗日根据地，物资供应相当困难，生活是很艰苦的。面对困难的生活条件，大人们仍然尽可能地为孩子们创造相对好一些的生活环境。因此，根据地的儿童仍然显得活泼、可爱。他们往往能根据当地的条件，开展一些儿童游戏活动和体育活动。这些游戏对当时儿童们的生活和成长是很有意义的。这些游戏有好多也是现代孩子们常玩的。当然，其中有一些  则由于时代变迁，现在已为人们所淡忘。除风筝外，儿童游戏一般不需要特殊器械，多可就地取材而且也无需多大的场地。当时，常见的游戏有老鹰捉小鸡、丢手帕、斗鸡、猜谜语、踢毽子、跳绳、打杠(子)、爬竹竿、扔手榴弹、放风筝、射箭、打弹子等等。因此，根据地孩子们可玩的游戏还是多种多样的，游戏用具往往都是就地取材或自己制作的，如用一个小铜钱包上碎布，缝上一根粗鸡毛管，管内插几根公鸡羽毛就可以做成一个毽子；一根竹片两端用线绳拉紧就成为一张弓。随着岁月变迁，有些活动也与现在不完全相同，现仅列举两项当时常见的游戏活动于后。

1. 斗鸡 此种游戏并不是真用鸡来斗，而是几个孩子之间的游戏，而且即使一个人也可以玩。其玩法如下：

(1)单人玩法：一条腿站立，另一条腿弯曲搭于站立腿的膝关节以上处。然后，用一手勾住弯曲小腿的足腕部，另一手抚于弯腿的膝盖部。用站立腿的足掌前部跳跃向前进。然后，两条腿交换，同时两只手也相应互换，以同样方法跳跃向前进，分别锻炼两条腿的弹跳力。要求：弹跳时足尖要离开地面。

(2)多人玩法：两人或三人，同时弹跳，用膝盖部互相碰撞，谁的膝部落下两腿着地为输，这种玩法有些地方也叫"撞拐"。也可以不作互相碰撞，两人或多人在同一起跑线，各自向前弹跳，比能跳的长度；或在一定距离内比到达终点的速度。要求：多人玩时一般以右腿弹跳为准。

游戏意义：此游戏主要锻炼腿的弹跳力及平衡能力，有多种玩法。既可单人作自我锻炼，也可作多人竞技比赛。

2.放风筝　放风筝是年龄稍大孩子和成年人都喜爱的活动。不同年龄层次，所用的风筝差别也较大。放风筝在季节上以春季为最多，且最为热闹。年龄幼小的孩子往往是用两根麦秆交叉撑起一张纸，四角中心拉上线，下面再粘两条纸飘带做成。小孩子在打谷场上玩，一般也飞不高，适于8岁以下孩子玩。十多岁孩子则用结构较为复杂的风筝。所做的风筝形态各异，以蝴蝶形为最多，也有人形、飞鸟形、蜈蚣形等，一般放飞得较高。大人们放飞的风筝则多带有哨子，放飞后可飞得很高，哨子发出很响声音，很远就能听到。成年人放风筝除娱乐外，有时也作为预警方法用于监视敌情。如据点里有敌人出来活动则放飞一种风筝，周围较远距离都可知道了，便于及早采取应对措施。

 相关联接

爱玩是孩子的天性，不同年龄段的游戏是伴随着儿童成长的活动。即使在艰苦的战争年代，根据地孩子们的儿童游戏也还是很多的。通过游戏活动，促进了他们的身体发育和才智增长。因此，儿童在学校学习的同时，适当的游戏和活动，在任何情况下都是必不可少的。

跳绳爬杆扔榴弹，儿童游戏玩得欢，游戏助我快成长，早日能够拿起枪，努力奋战打东洋，抗战卫国保家乡。

货郎担

上世纪四十年代，日寇想用经济封锁来削弱根据地军民对日寇的抵抗能力。由于长期战争和敌伪的经济封锁，也确实给根据地军民造成很多困难。在当时的根据地里，物资短缺是很普遍的情况。当时的经济状况是相当困难的。现代人们所需的很多商品，那时根本不可能买得到。旧中国的农村经济本来就是封闭式的自产自销，没有什么象样的商店。人们日常生活用品多为当地土产品。吃的大米是农户自己用加工稻谷的碓臼脱去稻壳而得的粗米;棉布则是自家纺纱、织布制成的土布，再用染料染色而成;穿的衣服和裤子就是用这样的土布，由妈妈或奶奶们缝制的;吃的面粉和米粉也都是用石磨在磨坊里磨出来的;吃的面条是用麦子到压面店换来的……。当时，有些有经济头脑的人也会开办一些加工作坊，代客人加工，如磨坊、榨油坊、豆腐坊、糕点坊等，但多为小本经营。自己资金较充裕者，也会生产一些产品，拿到集市出售或与他人交换。这样就产生了一些从事商业活动的小商、小贩。因为货物不多，一般是用扁担担着行走于村落之间。其中以卖杂货为多;也有卖得比较单一的，如夏天卖凉皮的;逢年过节卖鞭炮的，卖毽子、泥叫鸡等儿童玩具的;以及卖糖、果、糕点等小食品的。他们是广义上的货郎担。其中，最惹孩子们喜欢的是卖麦芽糖的担子。小铜锣一敲，一会儿就会围上一群孩子。用一个铜板或一个鸡蛋，就可以换来一块足以解馋的麦芽糖块。

大人们则往往倾向于卖杂货的货郎担。因为他们的货物品种较多，一般生活中的用品常常可在这样的货郎担上买到。比如缝衣服用的针、线;绣花用的各色丝线、绣花针;女性用的化妆用品，如口红、扑粉、小镜子、梳子、万金油、蚌壳油;生活用品，如火柴、蜡烛、筷子等等。有些货郎担除用钱买东西外，也可用鸡蛋换，这样就方便了一些手中没有现钱的人家。以至于货郎鼓一响，那些妈妈们、奶奶们有事没事的都想过去看看。碰到自己需要的东西，就会你一言我一语地与货郎讨起价来。在认为价格还较为满意时，买上一些家里需要用的日常用品。

这些杂货担子，在那个时候确实也给人们的生活上带来了方便，在当时的农村中也是一景。但是，在战争环境中，也往往存在一个安全方面的问题。因为，那些货郎往往不是本村人，人们对他们的情况并不了解，他们到底是不是好人有时确实也很难分辨。他们中间说不定还会有日本人和伪军的探子(特务)。他们往往以货郎担为掩护，来收集根据地的情报，这种情况在一些村已有多次发现。因此，在形势比较紧张的时候，当地的民兵们对那些陌生人，特别是对那些不是当地口音的货郎，还是有一定警惕性的。

相关联接

货郎担原本是一些农民的家庭副业，在农闲时候做一些小买卖。一般是挑着一担小商品，串村走户沿途叫卖，为小本经营，流动性大。抗日战争时期，在被日伪封锁的根据地里，对于解决日常人民生活中必须的用品，以及活跃根据地生活和物资交流有一定的积极作用。及至后来，在新中国成立后的相当长的一段时间内还是比较活跃的。以后，随着时间的推延，个体小商店和国营供销社渐渐建立，农村的商业网点开始形成，货郎担的作用也就渐渐减少，并慢慢地退出历史舞台。

货郎挑担乡间行，日常用品鸡蛋换，本来方便众乡亲，需防敌特牢记心。

新生儿之死

　　小叔叔是我家的远房叔叔，住在"王家弄"东部的"东边场"。他们家这一辈有兄弟四个人，小叔叔是家里最小的，他排行第四。因为家里贫穷，无钱上学。为了日后能独立生活，十多岁时就跟着他二哥去上海一家工厂当学徒，后来就在那里当了工人。小婶娘嫁给小叔叔时还很年轻，是一个虚岁还不到18岁的大孩子。她原本也是王家的一位远房亲戚，结婚以前也常到"王家弄"来玩，人长得很秀气也很活泼。那时农村人看上海人还是很神秘的。对于有工资收入的人更是高看一眼，总以为能嫁给这样的人，将来生活上就有了依靠。经过媒婆的撮合，她没多加思考就和小叔叔结婚了。但是，抗战时期的上海已被日本人侵占。人们过着亡国奴的生活，工人的工资很低，日子并不好过。而且，日本人还常常封锁长江，不让人们在江北和上海之间来往。所以，从上海到靖江那时没有航班，只能从江南其它地方间接来往。因此，结婚后小叔叔很少能回家，小婶娘年轻又不会做农活，　家里的经济情况并不好。他们的老一辈人留下的家产本来就不多。经兄弟四人一分，每家所得也就很少了。到她手里的财产，只有两间破旧草房，而且原先用土坯所砌的墙壁也早已残破不全。房子墙壁上有些地方的土坯坏了她也没有能力补上，只能用稻草编几下用来挡挡风。因此，一到冬天，她的草房里四处漏风，白天屋里比屋外还冷。

　　那年冬天，小婶娘已快要生小孩了。本来早想回家来照看妻子生孩子的小叔叔却无法回家。在一个北风呼啸的寒冬夜晚，小婶娘终于生下了一个小孩。由于接生婆及时赶到，分娩还比较顺利。但是，小婶娘独身一人无人照顾。她拖着产后疲惫的身体，忙碌了一会儿也就睡着了。

　　那一夜，天气特别冷。风儿把屋后墙壁大洞处挡风的稻草给刮掉了。天快亮的时候，刺骨的寒风把她冻醒了。她下意识地摸了一下身旁的新生儿，孩子已经冻得冰凉。她赶忙把孩子抱起来放到自己的胸口，想给孩子一些温暖，但为时已晚。孩子冰冷的小身子再也无法暖过来。可怜的孩子，连妈妈的奶水还没有来得及吃上一口，就这样匆匆地离开了人世。她悔恨自己怎么睡得这么实。她心如刀绞，这可是她怀胎十个月好不容易才有的亲骨肉啊。她哭着、喊着，惊动了场对面的两位哥哥家。

消息很快就传到我家，奶奶和妈妈都为她的不幸遭遇而惋惜。奶奶说："这也怪不得她，她自己还只是一个年龄稍大一些的孩子啊。一个孩子又是独身一人，没有老人在身边指教，那有养育小孩子的能力。"妈妈从家里找了一些红糖和鸡蛋，连忙给她送了过去。小廉是妈妈的小跟班，也跟着妈妈去了她家。一进屋就看到屋后墙面上那被风刮开的大洞。屋内水缸里的水面已结了一层冰。那孩子的鼻孔处还露出了些许冰碴儿。没有多久，她娘家来人把她接走了。后来经过几番周折，才把她送到上海的小叔叔那里。

此后，小婶娘再也没有回到那个令她伤心的屋子。

 相关联接

旧时农村妇女结婚较早，十五、六岁就结婚的也较常见。结婚时，她们自己只是一个未成年的大孩子，所以对于如何照顾新生的孩子往往需要老人指导。长江流域冬天相当寒冷，农村里又无采暖条件。因此，在贫困家庭，就是成年妇女生孩子时也是很可怜的。如果无人照顾或照顾不周往往会出问题。所以，那时婴儿死亡率很高，很多妇女也因此患上产后疾病而终身难愈。

新生孩子竟夭亡，只因日寇封长江，年轻父亲无法回，理当记账敌寇方。

父亲的客人

在孩子们的记忆中，父亲是最忙的。抗日战争时期，他在根据地的多个学校中当过教导主任或校长。为了躲避日本兵的袭击，学校开展了游击教学。为此，经常要变更上课地点。除了教学外，他还要为师生们的安全操心。因为工作繁忙，他在家的时间不多，但他回家时带回来的客人却不少。他的客人们往往对小廉都挺好。他们除了逗逗他外，有时还会给他带一些像花生、糖果之类好吃的东西。妈妈招待客人时也常会做一些平时吃不到的东西。当然，客人们也是忘不了小廉的，他们吃的时候会同时给他吃一些，或留下一些。有时只来一位客人，妈妈会给客人煮三个荷包蛋，再加些红糖来招待。客人常常吃一个或两个，然后端给他吃。因此，他虽然不认识这些客人，但对客人也不显得陌生。有客人来时他总是显得很高兴。父亲常来的客人中，有几位至今他的印象还较深。

有一天，已快到中午了，父亲从学校回家来的同时，还带来了乡长和两位新四军军人。两人个子都很高，其中一位面色黝黑的人，一进门就对着妈妈喊"师娘"。父亲赶忙向妈妈介绍，他们俩都是当地的新四军干部，面色较黑的是指导员，另一位身材魁梧的是连长。他们两人在这一带领着部队打日本鬼子和伪军，同时也兼搞根据地建设工作。见到来客人了，妈妈连忙招呼客人们坐下。

看到父亲要和客人们谈公事时，妈妈就拉着小廉的手到灶房去给客人做饭。她嘱咐小廉不要去打扰大人们的工作。午饭做好后，大人们的谈话也结束了。妈妈招呼客人们到饭桌边坐下来吃午饭。中午饭吃的主食是妈妈最拿手的一种鸡蛋摊煎饼，配以汤面条。这在那时已是相当好的饭了。

吃饭间，连长逗着他问："你长大后干什么，跟我们当兵打日本鬼子好不好?"他很高兴地说了声"好"。说实在的，他很喜欢这个当兵的连长叔叔。指导员则笑着说："等他长大时，鬼子早被赶出中国了，还是跟着你爸爸多读些书好，孩子们这一代人将来还要建设好未来的新中国呐。"大人们边吃边说着话。小廉插不上嘴，就和哥哥、姐姐们边吃边玩闹开来，一不小心把手里的碗打到地上弄碎了。他可不是故意打碎的，妈妈数落了几句后，他挺委屈的都快要哭了。指导员忙说："不要紧，以后我给你带一个打不碎的铁饭碗来，好吧?"没过多久，他还真的给小廉带来一个再也打不碎的搪瓷碗。

此后，来家里找父亲的人更多了，父亲也就更忙了。由于学校和民主政府以及地方部队配合得当，八年抗战，学校师生无人伤亡。

 相关联接

那时，父亲是镇小学的校长。除教学外，还承担着宣传抗日，保护学校师生安全等重要任务。因为学校距离盘踞日本人的斜桥据点较近，而敌人说不定什么时候就会出来侵扰。面对日寇随时可能发动的袭击，父亲他们只能坚持游击教学，随时准备转移到相对安全的地方继续上课。因此，学校往往需要和当地的地方领导及部队协调，以最大可能地保护师生安全。

由于组织协调得当，在那段困难时期，学校里未发生过师生伤亡的事件。在父亲的客人中，有些人和父亲保持了长期联系，如马名驹老先生。直到 1990 年马老还亲自来家拜访早已离休的父亲。

父亲在校是校长，家中常来客人访，游击教学需共商，抗战师生无伤亡。

痄腮

春天到了，天气渐渐地变得温暖了。严寒的冬天终于过去了，弄子里几个年龄相近的小伙伴，又在室外玩开了，摔跤、斗鸡、跳绳或相互追逐，闹得不一乐乎。这个年龄的孩子玩是天性，谁也闲不住。不知为什么，小强却有两天没出来和我们玩了。平时他是最爱玩的，他怎么啦？我们几个男孩，是他最亲密的密友，认为他是不是生病了？就一蜂窝地往他家跑去，到他家门口正好遇到他妈妈，就说我们想找小强玩？。他妈妈告诉我们："小强生病了，不能和你们玩。因为他得是痄腮，会传给你们的。"

几天后，又有伙伴得了痄腮，小廉也感到右侧腮部有些胀痛，特别是吃饭时比较明显。看来他也得上痄腮了。这时，正好当郎中的大舅出诊时路过我家。大舅看了看他的右腮，还摸了他的小蛋蛋说："是得了痄腮，不过比较轻。这病西医叫流行性腮腺炎，小孩多得，容易并发睾丸炎，有传染性。所以，这段时候在家呆着，不要和其他孩子来往，吃饭的碗筷要单独用，以防传染给家里别的孩子。"说完给妈妈包了一些药，说是饭后化水漱口用。又叮嘱妈妈给他吃不用咀嚼的稀软饭菜。大舅走后，妈妈一个人照顾他，也不让哥哥、姐姐和妹妹们接近他。她听人说：郎郎旳爸爸（二堂伯）会用画符的办法治疗痄腮。朗郎是小廉的好友之一，他爸爸是一位阴阳先生。妈妈找到了他，他答应帮治治。妈妈就把孩子带到他家。他发现郎郎也得了痄腮，不过也不重，他那得病的腮部，涂了一个大大的黑色圆块块。进屋后，二伯连忙拿出一块据说是多年的陈黑墨，在砚台上倒了一些凉水磨起了墨。然后用一支写大字用的毛笔，蘸着黑墨水在他肿起的腮部，边画圈边低声念着听不清的咒语。顿时，他那肿起有胀痛的腮部感到有些凉爽，胀痛感也有所减轻，原来有些烧热的感觉也轻了一些。

后来大舅又来看过一次，妈妈说起画符的事。大舅笑着说：你用凉水蘸着毛巾敷敷也一样。大舅走后，妈妈就在小廉那肿胀的腮部试着用凉水蘸着毛巾敷敷，也确有效果，所以就再没有找二伯念咒画符了。后来，小廉找到一支爸爸写大字用的毛笔，就学着二伯用毛笔蘸着凉水在腮部肿块处涂着，也得到相同的感觉，而且更方便。

为了让他吃饭时不用咀嚼以减轻疼痛，妈妈就按大舅说的，变着花样给他单独蒸蛋羹、做豆腐汤、熬糯米粥给他吃。饭后还帮他配漱口水，督促他及时漱口。

在妈妈的精心料理下，十多天后他终于痊愈了。

 相关联接

痄腮（流行性腮腺炎），是一种由病毒引的呼吸道傅染病，多发于儿童。那时西药对病毒无有效药物可用。此病常有多种并发症，如睾丸炎、卵巢炎，甚而脑膜炎。因此，重者也是有危险的，也有可能留下严重后遗症。据奶奶讲，大伯童年时曾患过严重痄腮，不但脸肿，睾丸也肿。后来，他结婚后不能生孩子，很可能就是因为并发睾丸炎所至。

痄腮本是传染病，病毒感染是病因，画符不能驱病魔，隔离冷敷抗病情。

立夏（民俗之一）

天气渐渐变暖了，春天常穿的夹衣似乎有些热了。一天早晨，妈妈在做早饭时顺手数了数放鸡蛋的篮子里的蛋。小廉很奇怪：今天怎么啦，妈妈怎么想起数鸡蛋？这鸡蛋在他得痄腮时是吃了好多。不过，现在已过了差不多有二十多天了。母鸡们这几天也在下蛋，应该存了不少。是不是妈妈打算拿出去卖吧，以前家里缺钱花时，妈妈也是靠卖鸡蛋换些钱，来维持家里日常开销的。就问妈妈，是不是今天要去卖蛋，我帮你拿蛋。妈妈笑着说："不卖蛋，很快就要立夏了。立夏节每人都要吃一个蛋。家里还要留些蛋，夏天天气热，鸡下蛋就不多了。而用鸡蛋的地方却不少，是得计划些用。"

一．立夏吃鸡蛋：　立夏标志着夏天到了。按当地风俗，那天要吃煮鸡蛋，据说是老祖宗留下的。谁不吃，夏天会生很多疮的。所以家家户户每到立夏那天，早晨起床后的第一件大事就是要煮鸡蛋。家里没有的就要向左右邻居家借。为什么立夏吃蛋就能防止夏天生疮，妈妈也说不清。不过没关系，有蛋吃，对于孩子们来说，当然是件好事情。因为，平时可是吃不上鸡蛋的。特别是无论老小，每人都有一个完整的鸡蛋吃。除立夏外，过年也不可能呀。真希望一年能有几个立夏节。

妈妈在煮鸡蛋，孩子们都跑到厨房等着，希望快些能吃上它。越想吃越觉得时间过得太慢，这些鸡蛋怎么不快些熟呢？妈妈看他们那馋样子，笑着说："一群馋猫，都出去玩吧，再等一会儿蛋煮好了，会叫你们的。"

妈妈把蛋煮好后，打了一盆凉水，把蛋从锅里捞出后就放入凉水中。稍凉再把水倒掉。然后就一人一个地把鸡蛋分给每个人。小廉不知道煮熟的蛋为什么又要放到凉水中。妈妈说把热锅里的蛋很快放入凉水中，剥蛋时蛋壳就好剥一些。如等它慢慢凉了再剥，鸡蛋白常常会粘在蛋壳上，那就不太好剥了。妈妈看着大家剥蛋壳，又叮嘱了一句，吃蛋黄时慢着点别噎着！小廉和哥哥可没有立即吃。他们俩拿着蛋看了看，就相互间碰起蛋来，结果小廉的蛋很快就被碰破。只好慢慢地再往桌子上叩几下，然后用手再搓几下剥壳吃蛋。妈妈说得真准，果然蛋壳很顺利地剥掉了。吃完蛋没多久，邻家大哥哥就来到我家，说在俊哥哥家，要给弄堂里人称体重了。

二．立夏称重：

立夏称体重是当时习浴之一。也是老祖宗留下来的。前几年，因为日本人经常出来"清乡"，人们忙于逃难也无暇顾及，所以停了好几年。随着战争形势变化，日本兵已经无力再出来祸害人了，安全问题已不大。所以大家一商量，今年恢复这个习俗。俊哥哥家有一杆大秤，可以用来给人们称体重。不过，那时的小廉还没有称过体重，只是看过卖猪、卖鸡时称重量。人怎么称重就不知道了。他小声地问邻家大哥哥怎么称，大哥哥反问他："你见过卖猪时怎么称猪的吗？""见过，把猪的四脚捆起来称，那猪拼命叫，可能很不舒服，我可不愿意这么称！"小廉说道。"那称鸡也见过吧？"大哥哥又问。他说："是把两个脚绑起来称，那鸡也很不愿意，大概也不舒服。"大哥哥看了看他的鼻子笑着说："那怎么称呐？这样吧，你鼻子不是有两个洞洞吗？用称钩勾着你鼻子洞洞称，总可以吧？"说完把大家都逗笑了。他摸摸鼻子，大声叫着："大哥哥，我不称了！"妈妈连忙笑着说："哥哥逗你玩的，那有这样称人的。"妈妈又说："三儿，称人并不难，用一只箩筐，里面放一个小櫈，人坐在小櫈上。两人抬着，用绳子把箩筐吊起来称。还是很舒服的。"

一家人跟着邻家大哥哥来到俊哥哥家。正好有人在称重，人在箩筐里坐着，称时箩筐有点晃动像坐摇篮一样。和妈妈说的一样，根本不用捆手脚或勾鼻子。反倒觉得挺好玩的。待那人称后刚走出箩筐，他就爬进筐，嘴里喊着摇啊摇，摇到外婆桥。还没说完，看称的叔叔就叫开了：不要摇，你再摇就没法看称了。他只好静下不动。只听看称的叔叔说："这孩子体重有点轻。"并向妈妈说，要给他多吃点好东西。妈妈笑着说："这年月那有什么好东西吃，一天三顿糗子粥，能把他的小肚子灌满就不错了。"

不过，后来妈妈隔几天还是会给我们煮一个鸡蛋，当然是几个孩子分着吃。

 相关联接

立夏，标志着将要进入夏天了。夏天由于天气炎热，人们食欲受影响，而消耗却增加，加之潮湿出汗多，很易引发疮、痱等皮肤感染。初夏时期，适当增加营养，有一定提升皮肤抗感染能力作用。当然，仅吃一个蛋，也不可能有多大作用。因此，只在立夏天吃一个蛋，是不可能防止生疮的。立夏称体重，不知其它地方有无这习俗。但每年称一次体重，尤其对发育中的孩子，还是必要的。至少，能对孩一子生长情况有所了解。当然也不应仅限于立夏这一天。现在，人体秤比较普及，操作也很方便，且随时可称，这对健康监测也是有意义的。

立夏节后气温升，夏季疾病日渐增，吃蛋称重两民俗，前人提示重养生。

红蛋（民俗之二）

在俊哥哥家称体重时，妈妈看到俊哥哥的堂客肚子很大，行动起来都有些困难。妈妈估计她快要生宝宝了。回家后，妈妈告诉奶奶说，对面俊哥哥的堂客快要生孩子了。奶奶听了也很高兴，这将是家族中新一代的第一个孩子。按习惯，左右邻居都应在孩出生后去看产妇。当然，是不能空手去的。妈妈盘算着带些什么礼品去呢？当然，鸡蛋是必需的。因为在孕期间，准妈妈们身体消耗很大，她们要供给胎儿发育所需的全部营养，且时间长达十个月。孩子出生后又全靠母乳养育，如果孩子妈妈营养跟不上，她的奶水就不足，孩子就得饿肚子。所以，当妈妈的身体负担确实很重。那时侯又处在战争期间，人们日常生活都很困难，能填饱肚子就不错了，那能考虑营养问题。所以在那时单靠一家，生孩子也是很艰难的。大概也是这个原因，仅依靠孩子妈妈个人力量是难以渡过难关。从而就流传下一个看产妇的民俗。一般在孩子出生后，孩子的父亲就会给左右邻居和亲友送红蛋（用红色染成的鸡蛋）。这是告诉邻居和亲友，孩子出生了。邻居和亲友们收到红蛋后就要表示祝贺，随后就要准备一些礼品去看产妇以示慰问。为此，妈妈必须早作准备。首先查看一下鸡蛋数看看够不够，这一段时间不吃鸡蛋以尽可能多存一些。因为买其它物品也靠用蛋换钱才行。

大约过了半个月时间。一天早上，俊哥哥很高兴地拿着红蛋来到我家，妈妈一见知道孩子生了。俊哥哥说生了个男孩。妈妈说："恭喜你，大侄子。"又问了大人和孩子都好吗，奶水够不够孩子吃……。俊哥哥离开后妈妈把所存的鸡蛋数了数。留下了看产妇必需的鸡蛋。其它的就很小心地放在菜篮子里拿到街上去换别的物品。

　　从街上回来时，妈妈的菜篮子里已没有鸡蛋了，而是盛有馓子、脆饼、干红枣和一包红糖。妈妈说：刚生完孩子的人，肚子空很容易饿，馓子和脆饼用开水一泡就可以吃。而且，这些食品里有很多油，吃了能耐饥，是坐月子的人最常用食品。干红枣和红糖是性温的食品，产妇失血多怕冷，所以适于产妇，配上鸡蛋是月子里的好搭配。妈妈叫上姐姐，准备到俊哥哥家哥看产妇，小廉也才想去看看那个新出生的孩子。因为，这孩子出生后，他就是他的堂叔了。

　　于是三人就拿了刚换来的礼物和鸡蛋，一起到俊哥哥家去看产妇和那个刚出生不久的小侄子。

 相关联接

　　生孩子送红蛋，左右邻居和亲戚朋友看产妇，是很多地方都有的风俗习惯，这也显示中华民族的一个互相帮助的好风俗习惯。古代农耕时期生产力低下，妇女生孩子后单靠一家的经济能力是难以让产妇获得恢复身体所需的营养，这种相互帮助的形式就可以解决这个困难。因为生孩子每个家庭都可能遇到的，今天你帮了我，以后你家生孩子，别人也会通过这种方式帮助你的。

　　农家生子心欢喜，红蛋传情四邻里，吃过喜蛋看产妇，团结互助好风气。

纺车与织布机

在小廉的记忆中，老式的纺车与织布机是家里最重要的东西。这两件东西几乎占据了家里半间房子。一家人穿的衣服和做鞋、袜用的布料及棉线都要靠这两部土机器来生产。家里孩子多，孩子们的个子长得也快，年初时还合适的衣服到年底可能就嫌小了。穷苦人家的孩子衣着不讲究，一般都是大孩子穿后给小一些孩子穿。俗语"头郎新，二郎旧，三郎穿的破纳头(指补丁摞补丁的衣服)。"但小廉后面还有更小的孩子，每年不新添一些衣服是过不去的。家里没有钱，也买不起洋布，只好靠妈妈自己纺纱、织布、缝缝补补来解决。实在无法再补的破衣服，也要拿来作为纳鞋底的破布用。

每年秋天，棉花收回家后就到了准备纺纱的时候。这时，妈妈也更忙了。她先得找"轧花坊"把棉花籽轧去，接着再找弹棉花的作坊把它弹松。然后就是自己在家做棉花条，这棉花条一般都是纺纱前临时用芦穄(一种象高粱的农作物)杆卷成的。每天临时卷好所需的棉花条，就可以纺纱了。

家里的纺纱车是一种需要两手同时操作的土机器。使用时一手拿棉花条，一手摇车把，两手同时操作。虽然不需要用多少力气，但也是个细活。掌握不好，则纺出的纱粗细不均匀，而且也容易拉断。这样无论是用来织布还是做缝衣线都不结实。这纺纱用的纺车已有一定年头了，常要在转轴处加些油，否则摇起来吱嘎、吱嘎的响得不停，而且用起来也常出故障。每年秋天的夜晚，妈妈常要在纺车上忙碌到深夜。等到弹松的棉花都纺成棉纱锭后，妈妈就开始摆弄那台旧织布机了，这时也已进入深秋或寒冬季节了。

织布机是父母结婚时，外婆出钱请木工制作的。这是一台木制土机器，它的结构比较复杂。开始时先要装纱锭，布置经线。这可是一个细活，装的纱锭数量按照所织布的宽度而定。往往需要一天或更长时间才能装完。装好纱锭后，妈妈就坐在织布机前的长凳上。她用两只脚在机器的踏板上反复踏，以驱动两组棉纱分别作上下活动。这时两组棉纱形成张开角度，可供织布梭子在其内穿过。两手则同时来回挡织布机梭子，使它来回穿梭于两组棉纱的夹角里。每穿过一次，织布机就会"嘎嗒"一声地压一次纱线。随着梭子往返活动，梭子里的棉纱就慢慢地被织布机织入布中。织布机上织成的布条也随着这台土机器的运行在渐渐增长。这种土机器的织布速率很低。转眼间就快到年关了，所织的布也只够做几件孩子们的衣服。

在那寒冷的冬夜，为了一家人的温暖，妈妈那织布机发出的"嘎嗒、嘎嗒"声音，常常要响到深夜才停止。她的手和脚常常会发生多处冻疮和裂口。

 相关联接

上世纪四十年代，在处于战争年代的农村，机织布当时被称为"洋布"。一般人家买不到也买不起，所以还都是用自织的土布料做衣服。新中国成立后，随着社会经济发展，人民生活水平提高，农村商业网络也逐渐建成。机织布很快在农村得到普及，家庭用的土纺车和织布机渐渐被淘汰而退出历史舞台。土布现已成为历史的回顾，人们的衣着也丰富多彩了。回顾历史，我们不能忘记在抗日战争时期的那段历史。为克服敌人进行的经济封锁所造成的困难。那时，毛主席从延安发起了大生产运动。和老百姓一样，根据地的八路军和新四军的干部、战士们，响应毛主席"自己动手，丰衣足食"的号召，纺纱、织布解决了穿衣问题。简易的纺车和织布机，为抗日战争的最后胜利做出了重要贡献。

纺纱织布为穿计，寒夜机声传情意，敌寇封锁困不住，生产自救有新衣。

新鞋

　　秋天来了，天气渐渐地变凉了。孩子们再也不能像夏天那样，光着脚丫子到处跑了。看到妈妈这几天在忙着做军鞋，小廉也不好说啥。他脚上穿的那双哥哥的旧鞋，除前面已露出脚丫子外，后跟也脱开了，走路时"吧打吧打"地像打快板。妈妈收拾完军鞋后，他抬起一只脚说："妈妈，你看我的鞋。"

　　妈妈忙着找来了他春天还穿过的那双旧鞋子，想让他试着穿穿看。但是，他的脚长得很快，也就半年的时间，却怎么也穿不进去了。在那个时候，农村里没有卖百货的商店，根本不可能买到鞋。妈妈想:没有办法，现在也只能给他做一双新鞋子了。想到离冬天也不太远了，他去年穿的那双旧棉鞋当时就有些小，看样子也不能再穿了。于是妈妈决定给他同时再做一双布棉鞋。在量完他脚的尺寸后，她画出了鞋的样式。接着从柜子里拿出一个盛零碎布头的竹编筐，从中找出几块较大的零碎布，算计着用来做鞋面。又把几件已经破得不能再穿的旧衣服拿出，拆洗后放到新煮好的稀浆糊里浸泡了一会儿，然后取出晾干。很快，那原本柔软的布块，便变成有一定硬度的可做鞋垫子的布料了。把这些布料剪成鞋底模样，再夹一些碎布就可用来纳鞋底。做鞋子最费时间的是一针一针地纳鞋底。尤其是做棉鞋的鞋底较厚更不好扎。用了好几天功夫才把两双鞋的鞋底纳完。接着要做的就是做鞋面和上鞋面，相对来说要比纳鞋底容易得多。

　　几天后，妈妈终于把两双新鞋都做完了，她的那双手也被扎了好几针。真是"慈母千针线，儿女足下鞋"，妈妈的心血全用在儿女们身上。看着刚刚做完的新鞋，她终于长长地嘘了一口气。

　　妈妈做的新鞋确实样式很好看，她心里也很高兴。对着正在门口玩的小廉，很亲昵地喊道："三丫头，快过来，试试这双新单鞋!"听到妈妈在叫唤，他立即跑了过去。妈妈递给他新鞋，并问："喜欢不喜欢?"他很高兴地回答："喜欢!"这是一双真正属于他的新鞋。以前他所穿过的鞋，都是姐姐和哥哥们穿得嫌小了，再也穿不了的旧鞋。说起来，那些鞋实际上并不是为他所做的，他只是"沾"了姐姐和哥哥们的光。当然，在小的时候，只要有鞋穿就行，他并不在乎是谁的旧鞋。还是在他刚会走路的时候，妈妈曾把姐姐穿过的一双绣了花的女孩穿的旧鞋给了他。看到鞋面上有花，当时穿了还觉得挺美的，不停地翘起小脚让别人瞧他的漂亮鞋。后来，有了四妹、五妹，大姐穿不了的旧鞋和衣服就不能再给他了，而是要留着给两个小妹妹用。这一次可是妈妈专门为他做的新鞋啊，他迫不及待地想穿。妈妈看了看他那双在外面玩得脏脏的脚板，怕把新鞋子弄脏，就让他先去把脚洗干净后再穿。穿上了新鞋的他，心里美滋滋的，两眼盯着脚上的新鞋左右打量着。看了一会儿，就蹦蹦跳跳地跑出去找他的伙伴们玩去了。

 相关联接

鞋是人们常用的生活用品。尽管在夏天，孩子们往往是光着脚(赤足)而不需要穿鞋的。但在严寒的冬天，没有鞋真是寸步难行。在半个世纪以前，我国广大农村人穿的鞋基本上是手工做的布鞋，农村的成年女性几乎人人都会做鞋。做鞋是那时家庭主妇们的基本功。在抗日战争年代，八路军和新四军战士们穿的军鞋，就都是人民群众一针一线做出来的，那时候的"支前"工作很重要的任务就是做军鞋。往往是完成了军鞋任务，但却顾不上自己和孩子。在那个年代，鞋也同衣服一样，孩子多的人家，只要还能穿，也是大孩子穿不了时就给小孩子穿。那时，是没有现代那么多品种的鞋可供人们消费的。解放后，随着社会经济发展，人民生活水平提高。球鞋、皮鞋等各式各样的鞋逐渐进入千家万户。家庭手工做的布鞋则渐渐退出历史舞台，并逐渐被人们遗忘。现在已经没有多少人会做布鞋了。

做好军鞋送前方，战士穿了打胜仗，自家缺鞋难顾上，只为战士打豺狼。

新年礼物

新年快到了，大人们都忙碌起来了。1944 年，这个新的一年将会比上一年要好些。前一年，欧洲战场有了重大变化。曾经不可一世的德国法西斯在苏联吃了大败仗，斯大林领导的苏联红军开始了大反攻;意大利的法西斯政权也垮台了。在东方，这一年中国人民的抗日战争形势也有所好转，抗日根据地有所扩大。附近据点里的日本兵与"和平军"出来抢劫的次数也比以前少多了。人们心中都在想:日本人的"气数"快完了。虽然战争并未结束，人们的心情还是比以往好多了。

转眼就到了年底，妈妈急忙到磨坊磨了一些米粉，准备过年时做团子吃。另外，还炒了好多花生和蚕豆。年三十那天，又在早市上买了一条活鱼和一些肉。年三十晚上，一家人就在一起吃了一顿很久没吃过的年夜饭。饭后，全家人在一起高高兴兴地"守岁"。这时妈妈对我们这些孩子说:"过年了，又长了一岁。新年期间你们要注意:对人要和气;对长辈要有礼貌，拜年时要给他们鞠躬并说过年好;兄弟姐妹间要互相照应，不要吵嘴;不能讲粗话，谁说粗话就是对祖宗和天上菩萨的不敬。"停了一会儿又说:"今年年景好了一些，明天你们都会得到一份新年礼物的。"

新年那天，一大早就响起了劈里啪啦的鞭炮及炮竹声。小廉从睡梦中醒来，还记得昨晚妈妈说的有礼物一事。就伸手在枕头旁和枕头下面摸了起来。很快他就摸到了一双新棉鞋。棉鞋里好像有东西。他把小手伸进去掏了一下，里面真有好多东西。来不及多想，就下了床，拿起新棉鞋就在小桌子上掏了起来。里面装有好多花生、蚕豆、红薯条、红枣等。在一个用红纸包着的小纸包里，他发现了两个铜板和一些小钱(前清时代的铁铸钱)，这是妈妈给他的压岁钱。一下子得到这么多礼物，他真是高兴极了。除了吃的东西外，那双新棉鞋也正是他最想得到的东西，就赶忙把棉鞋穿上。他知道，那些铜板和小钱是可以用来换糖果和烧饼吃的。把这些礼物连忙放到自己的枕头下，跑到妈妈和爸爸那里向他们磕头问好。随后，又到奶奶那里拜年，又从奶奶那里得到了一些"金果"、"银果"等小食品(用糯米制作的小食品，金黄色的为金果，白色的为银果)。

按当地过年的风俗，大年初一早晨要吃团圆(即汤圆)，并用团圆祭祖宗和神仙。妈妈一大早就把团圆煮好了。她给每个孩子都盛了一碗加了红糖的团圆。祭过祖先和神仙后，大家坐一起吃团圆。随后，姐姐带领两个弟弟到伯伯及其它邻居家去拜年。路上姐姐很认真地对两个弟弟说："现在，大家都不富裕，到了人家家里要有礼貌。人家给的东西，只能少拿一点点，不能大把大把地抓。"

新年后，邻居们都夸道:"这三姐弟真懂事!"

相关联接

无论是过去还是现在，传统的农历新年都是孩子们最开心的时候。这时，孩子们可以得到父母给的压岁钱或其它一些礼物。这些礼物，对于现代儿童来说确实是微不足道的。但在那个时代却是非常珍贵的。同时，新年也是纪念祖先，让孩子们不要忘记自己根源的时候。此外，新年还是长辈们对孩子进行传统家教的时候。新年期间，各地都有拜年的习俗，这也是邻里之间联络感情的时机，同时也是孩子们进行每年一度社交活动演练的机会。新年对于建设和谐的社会，传承中华文明有一定的意义。

新年新岁新气象，儿童过年心欢畅，新年礼物虽普通，老辈关怀永难忘。

给军属拜年

　　给军属拜年，在抗日根据地里是很重要的新年活动之一。早在新年前，村里的大哥哥、大姐姐们就特别忙，他们白天忙完自家的过年准备工作后，一吃完晚饭就聚在一起练习唱歌、跳舞，并准备一些用来慰问军属的慰问品。小廉这些年龄小的孩子们也就常常跟去凑热闹。大年初一那天，村里的男女青年们，一大早吃完传统的团圆后就聚集一起。在村长带领下一路敲锣打鼓、热热闹闹地到村里的军属、烈属和抗属(包括国民党军人在内的抗日军、政人员家属)门前，给他们拜年。拜年队伍到谁家，那家的大人们都会出门迎接。村长则代表拜年队伍给他们拜年，同时送给他们家一些节日礼品;大哥哥、大姐姐们则为他们表演节目或扭秧歌;民兵们会在他家大门显眼处贴上一张写有"光荣人家"的红纸牌。在有部队和游击队驻扎的村落里，部队领导们也会到他们家走访。那时这些人家都很受人们尊重，因为他们为抗击日本侵略者、保卫国家做出巨大贡献，值得大家尊敬。我家住的"弓王村"是一个小村子，只有一户抗属，热闹程度相对地要低于其它村。伯母的娘家住在相邻的"朱王村"，那里有好多户军属、烈属，拜年活动每年都很热闹。因为两村离得很近，以前小廉和哥哥、姐姐也常跟着伯母去看热闹。

　　大年初一上午，姐弟三人刚刚给邻居们拜完年。哥哥和姐姐就要跟着拜年队伍去给村里的那户抗属家拜年。伯母则叫上小廉，并让他跟着去"朱王村"她娘家拜年。她娘家也是军属。因为离得不远，一会儿就到走了。伯母让他向外婆、外公、舅舅和舅妈们一一拜年问好。他们也给了许多花生、糖果之类小食品。外婆还特地给了一千元压岁钱(相当于现在的一角钱)。正在这时，门外传来了拜年队伍的锣鼓声。全家人连忙走出门外迎接拜年队伍。大人们相互拱手致意，并把村里几位领导迎进屋内。他们向外公、外婆表示慰问，并送上慰问品。这时，门外响起唱歌、演节目、放鞭炮的响声，显得非常热闹。表哥就带着小廉到门外去看热闹。屋里的大人们谈了一会儿，因为还有好几户要去，客人们便出门了。外公和外婆为他们送了一段路。拜年的队伍正要向另一个军属家走去。忽然，东边斜桥方向响起了几声枪声。一时间，大家都紧张起来了。村长立即让民兵队长派人出去了解情况。他胸有成竹地说：不会有什么事的，我们继续给军属们拜年吧。在村长带领下，热热闹闹拜年活动差不多进行了一个上午。

快到中午了，伯母想带小廉回去。外婆说：已经中午了，吃完午饭后再回吧。吃饭期间，大家谈起了上午发生的枪声事情。当民兵的舅舅说："据点里的几个日本兵和伪军，想乘过年的机会到外面看看热闹。他们刚刚出据点，就被监视他们的民兵发现。民兵们打了几枪，他们就缩回去了。现在，已不像前几年了，游击区也已成为根据地，我们人多，力量比他们大，他们已不敢胡来了。"

相关联接

在抗日战争时期，为了更好地团结全国军民抗击日本侵略者，毛主席提出开展双拥活动(指拥政爱民和拥军优抗的活动)。并强调在每年的正月普遍举行一次。要求各根据地要利用每年新年的喜庆时期，结合传统过年活动，开展拥护军队和优待抗日军政人员家属活动。给军属、烈属和其它抗日军政人员家属拜年，是活动达到高潮的标志。此外，民主政府和当地人民还对有困难的相关人家，进行生产和生活方面的帮助。抗战胜利后，双拥活动改为拥政爱民和拥军优属活动。

抗日军人最光荣，忘我抗敌受尊**重，新春拜年访军属**，拥**军优属好传统。**

我是中国人

1945 年，已经进行了十多年的抗日战争进入了最后阶段。那年 5 月，苏联红军攻入柏林，希特勒的德国法西斯灭亡了。我国抗日战争的战场上也已进入反攻阶段，日本侵略者已经陷入了我国广大军民的全民抗战的汪洋大海之中。八路军和新四军开展了对日军的夏季攻势，进一步打击了侵略者和汉奸队伍。随着一些小据点被拔除，以前的一些游击区也成了根据地。这时的日、伪军只能龟缩在县城和几个大据点里，他们已无力再走出据点搞"清乡"。大人们在闲谈之中多已认为：日本人的气数已尽，抗战的胜利已成定局。但日本帝国主义并不死心，还妄图利用中国战场进行负隅顽抗。这时，从日、伪军那里传出了一个令人担心的消息，说日本人要偷窃中国孩子。日寇要把被他们偷去的孩子改个日本名字，再通过奴化教育，把他们培养成为其侵略中国所用的工具。一时间，使得家有幼儿的家庭都惊慌起来了。经过多年抗战，人们都知道日本人是什么坏事都干得出来的。过去几年，日本人就有一个所谓的"帝婴计划"。就是抢夺或偷盗不懂事的儿童，经过法西斯奴化教育，把他们训练成日本特务或打手(假日本浪人)。然后，再用这些假日本人来对付中国人。这就是他们的所谓以华制华，作为最终控制中国的罪恶阴谋的一部份。

夏天到了，地里的庄稼也都长高了，人是能很容易地在庄稼地里藏身的。虽然，在光天化日下强抢孩子的可能性不会太大，但是对于幼小而不懂事的小孩，用糖果或玩具进行诱骗的可能性还是有的。所以，这时人们特别提防陌生人接近孩子，以防孩子被拐骗。

一天早饭后，伯母看到小廉正在一个货郎担旁边玩，那货郎也正在和他说话。她连忙喊道："三儿，快到伯母这边来，我有事要问你！"听到伯母在喊，他就很快地跑到伯母面前。接着，她问他："那个货郎跟你说了些什么？"他回答说："他问我想不想吃糖？"伯母和蔼地跟他讲："不能吃陌生人的东西。"他有些不理解地问："为什么？" 伯母耐心地说道："现在，日本特务要用糖果哄骗中国孩子。那些骗子可能会打扮成货郎。如果你吃了他的东西，他就会把你抓走送到日本去。那样你就不能回家了，再也见不到你的爸爸、妈妈、奶奶、哥哥和姐姐了。"一下他就明白了，回答说："我晓得了，那些日本特务真坏。"伯母又问："你可晓得你是那国人？"这个问题一下子就把孩子问住了。他摇摇头表示不知道，因为从来也没有人和他讲过这件事。这时，伯母又语重心长地告诉我："你要记住，你是中国人，我们都是中国人！"尽管那时他还太小，小小的脑袋里还根本没有"国家"这个概念。但此后，"我是中国人"这句话却已深深印在脑海中。

又过了几个月，日本人宣布投降了。中国人民伟大的抗日战争终于取得了最后胜利。缠绕着人们的噩梦才终于彻底消失。

 相关联接

日本帝国主义在侵略中国期间，为了达到征服中国的目的，采用了所谓以华制华的措施。一方面利用汉奸组织伪政权，如扶植满清废帝溥仪制造伪满洲国；在南京成立汪精卫伪政权等。另一方面又在占领区推行奴化教育（文化侵略），企图从思想、文化上征服中国。同时，还搞所谓的"帝婴计划"。偷窃中国儿童并通过法西斯军国主义教育，把他们培养成特务或武士，再用这些假东洋鬼子来对付抗日军民。在我国军民不怕牺牲坚持抗战的打击下，侵略者最终还是被赶出了中国，使他们的吞并中国的企图彻底破灭。

"帝婴计划"太猖狂，偷盗孩子送东洋，奴化教成假东洋，送回中国打爹娘。

25

胜利后的困惑

　　随着对日军的夏季攻势的展开，日寇和伪军逐渐龟缩到县城，但他们仍在作最后的挣扎，不肯放下武器。进入八月，战事发生了戏剧性变化。美国人在日本扔了两个特别大的炸弹(原子弹);斯大林领导的百万苏联红军突然攻入中国东

北。几天之内，日本的几十万关东军全被打垮。日本人再也顶不住了，终于在八月十四日宣布投降。两天后，日本侵略军终于从靖江县城逃走。还在县城顽抗的伪军立即被新四军和民兵包围。十几天后，这些顽抗的汉奸部队也不得不缴械投降。全县人民为之热烈欢庆，迎接抗日战争胜利到来。那几天到处是炮竹和欢庆的锣鼓声，人们欢欣鼓舞地迎接这个奋斗了多年而终于来到的胜利。小廉手拉着妈妈也投入到欢乐的人群中。

　　在抗战胜利后的欢庆过后，人们从胜利后的激情渐渐回到平静状态。社会上也逐渐传出一些令人疑惑的消息。大人们常常在一起议论着，那时的我搞不清，也弄不懂人们议论的问题。有人说:"日本人撤退时曾扬言过:等着瞧，五年后我们还会回来的。"现在看来，那些日本侵略者对失败并不甘心。县城里的伪军在日本人投降后还顽抗了十多天才投降，表明他们还梦想他们的主子会来解救他们的。对于这些日本人会不会还来侵犯中国这个问题，人们心中还是疑惑重重。难道日本人现在的"投降"只是他们的权宜之计，等以后缓过劲来还会卷土重来，再次发动侵略战争?对于这个问题，谁也说不清楚。因为在几百年前，明代的倭寇也曾侵犯过中国，后来被当时的抗倭将军赶跑了。那时的倭寇就是现在日本人的祖先。谁也不知道

他们的侵略本性能不能改掉?

随着时间的推延,另一个疑问也开始引起人们关注。那就是抗战胜利后的中国还能不能得到和平?中国将走向何方?为什么日本人宣布投降后,县城里的伪军还迟迟不肯投降?有人说是因为蒋介石让他们只能向国民党部队投降,不让他们向新四军投降。蒋介石为什么要那样做呢?看来,那位在抗战时期躲在重庆的蒋介石,又准备要掀起一场新的内战。虽然不久就传来国共两党签订了"双十协议",给人们带来了和平的希望。但是,仅仅过了两个月,蒋介石的国民党部队,就在 1946 年元旦那天,进攻并占领了县城。随后又向农村、集镇推进。紧跟着,就全面向解放区发动进攻。

和平终于被蒋介石扼杀了。

 相关联接

日本人宣布投降后,人们欢庆抗战胜利。然而,能否得到真正的和平,在当时确实是一个令人关心的大问题。面对日本人不甘心失败,妄图卷土重来的狼子野心,这一点是需要随时警惕的。但是,对于蒋介石又要发动内战,这在那时也是一个明显存在的严重问题。因为,就是在抗日战争最紧张的时候,蒋介石还进行过多次反共摩擦。现在,日本人被赶走了,面对全国人民,他虽然口头上说要和平建国,但实际上他那一心要消灭共产党实现他独裁统治的心思没有改变。抗战胜利后,他很快就发动了全面内战。经过三年的解放战争,蒋介石被打倒了。终于迎来了真正的和平发展新时代。但是,对于日本军国主义妄图卷土重来的企图,我们仍然不能放松警惕。

八年抗战终胜利,全国人民心欢喜,谁知蒋氏要独裁,挑起内战把国卖。

26

星空遐想

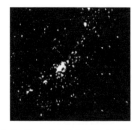

八月的天气还是比较热的，虽然已经立秋了，但白天和晚上仍然和夏天一样。晚饭只好在院子里吃。因为日本人已经投降了。再也不怕他们来搔扰。所以，家家户户的晚饭都是在室外吃的。

太阳刚落山，人们就忙着把饭桌和各种橙子搬到室外。然后，再生起一堆烟火，以驱赶令人讨嫌的蚊子。我家虽然人多，但多是没有劳动能力的人。5 个孩子最大的大姐才 9 岁（虚岁），奶奶是一位 60 多岁的小脚老人，根本无法下地劳动。全家只有妈妈一个人是能下地劳动的人。因此，妈妈是家里最忙的人。地里、家里全靠她一人操劳。姐姐尽管才 9 岁，就成了妈妈的助手，帮着妈妈忙里忙外，成了家里的二把手。因此，她们两人常常要忙到天黑才能回家。烧晚饭的事只靠奶奶和 7 岁的哥哥了。搬饭桌、橙子和生一堆烟火的事，只能在烧好晚饭后进行。好在晚饭很简单，一锅糁子粥加一些菜叶子或南瓜块之类，稍放一点盐就行了。油就不一定放了，如放也是在粥煮好以后加一小勺，这样油花就飘在稀粥上面，看起来好像有很多油。在当地，称这种粥为咸粥。认为，晚上吃咸粥，小孩就不会尿床了。不过，小廉和妹妹还是少不了会尿床的。天黑了，妈妈和姐姐才踏着疲乏的脚步从地里回来。

晚饭后，全家人在院子里乘凉。这时头顶的天空中已满是星星了。遥望天空，星星真多。有的很明亮，有的比较暗淡。有的很密集地挤在一起，有些区域又比较稀疏。在头顶上的天空，有一条很亮的带子，里面有很多很多星星，就问姐姐那是什么？姐姐说："听大人们说，那叫银河，是天上的河"。"哪河水为什么不从天上掉下来？"小廉很好奇地说。"是会掉的，听说黄河的水就是从天上来的"，邻家大伯应声说道。奶奶说："这河也是天和人间的界河，过了河就到天上了。"说着说着，突然有一个星星，拖着长长的尾巴，在天上划了一条线就消失了。奶奶啊了一声说："不知是那个死了。"小廉很奇怪地问奶奶，这是怎么回事？奶奶说："你小孩子家不懂，地上一个人天上一个星，每个人在天上都有一个属于他的星，他死了这个星就掉下了"。接着，邻家大伯说起一个故事：这是一个放牛的年轻人和天上一位仙女的爱情故事。仙女是一位纺织高手，能用她神奇技法织出天上最美的织品，是天上最好的纺织神仙。有一天，她无意中看了一下人间，被人间美丽的情景迷住了。就动了思凡之心，背着王母娘娘，变成了一个妙龄村姑，私自下凡来到人间。下凡后，仙女第一眼就见到了放牛青年。仙女还认出了青年放的牛原是天上的一条仙牛，因犯了天规被罚下凡间，那牛在青年照料下过得也很好。神牛也认出了仙女，仙女对青年有好感，神牛就从中撮合。面对这位美貌善良的仙女，年轻的放牛朗也很动心。就这样，俩人结为夫妻。牛朗织女男耕女织，日子过得很美满，仙女也很快就怀上孩子。天上一天人间一年，这事被王母发现了。王母对织女私自下凡很生气。派天兵把她抓回天庭。仙女在天庭生下两个孩子，王母只好命天兵押着织女把孩子送给牛朗，并立即返回了天庭。孩子离不开娘，牛朗离不开织女。在天牛的帮助下，牛朗挑着两个孩子直飞天庭。但银河拦住了去路。就这样，天河两岸牛朗织女只能隔河相望。这事被天上的喜鹊知道，它们向王母求情。最后，王母同意每年七月初七，允许牛朗织女重逢一次，由喜鹊来办。这就是后来的鹊桥相会。每年夏天，银河两边有两颗最亮的星星就是牛朗和织女。

　　夜深了，驱蚊的烟火也熄灭了。妈妈说该睡觉了。小廉仍然盯着天空，这么多星星，那一个是我的？"你"可千万别掉下来啊。姐姐见他一直望着天空，就说你在数星星吗，天上的星星是数不清的。

相关联接

　　天空，自古以来都是人们关注的神秘之处。过去，由于人们对太空了解不多，在古代产生了很多有关天空的民间传说。甚而在古典文学著作中，也有一些缺少真实证据的故事或神话，人们往往信以为真。近代，随着太空研究深入，人们对宇宙空间有了更多的了解。不靠谱的民间传说，也就不会有人当真了。对于这些美丽的传说、童话也不该全盘抛弃，如"黄河之水天上来"从某种角度看，并没有错。因为，陆地上的河流水，都来自从天而降的雨或雪水。当然和"天河"无关，所谓的"天河"，只是宇宙中的银河系，一个庞大的星系，我们的地球也是其中的一个成员。因此，从广义上讲，大地上的每个人，实际上也都是生活在天上的天民。

　　茫茫天际本无垠，地球仅是一小星，美丽传说均虚无，宇宙探索无止境。

三爷爷和他的启蒙学堂

抗战胜利后不久，堂祖父三爷爷和同族人商量，要给村里的孩子们办一个启蒙学堂，让他们学习文化知识。和平了，将来国家建设需要人才，孩子们读些书是会有用处的。

老人是一位和蔼可亲的农村知识分子。年轻时曾中过秀才。科举考试被废除后他学过中医，有时也给人看看病。他家境富裕，也是当地的名门望族。抗战时期他是一个开明人士，在民主政府里当过副乡长。教室就利用他家两间大屋，分大、小两个班。大班收已到上学年龄还未上学的孩子，教材就采用小学一年级课本;小班收六岁左右(虚岁)孩子，先学一些简单文字，为以后上学打些基础(相当于现在的学前班)。因为村子小，孩子不多，就先由三爷爷亲自担任讲课老师。

听三爷爷讲后，大家认为这是一件好事情都很支持。很快，有符合条件孩子的家庭都给孩子报了名。因为村子小，报名后大班不足十个孩子，小班也就六、七个人。得到大家同意后，三爷爷也忙了一段时间。在筹备了一些上课必需用品后，就准备开学了。

小廉和哥哥都符合三爷爷提出的条件，妈妈给两个都报了名。哥哥被编入大班，小廉年龄小被编入小班。快开学了，妈妈特地为他们两人各自做了一件长褂子(当地有身份人的时髦外衣)。

开学当天，一大早兄弟俩就都起了床。按习惯，妈妈给他们买了麻团，煎了葱花鸡蛋。据说，新生入学吃麻团，会变得麻利(地方语为聪明的意思，葱花鸡蛋也是相同的意思。)她是希望孩子们吃后变得聪明，能好好学习。早饭后，俩人高高兴兴地上学去了。走进教室，已有好几个孩子来了。很快，相互间就聊到一起，几乎每个孩子早晨都吃了同样的早饭。可见孩子们的家长，都希望自己的孩子聪明好学。

不久，孩子们都到齐了。三爷爷按照报名册一一点名。然后，按名册将孩子们分成大班和小班，分别围坐到两张八仙桌周围，同时还宣布了课堂纪律。接着开始给大班学生上课，让小班的孩子们先自己玩一会儿，但要他们不要吵闹。可是，小班的孩子们却没有那样听话，不一会儿就吵闹开了。没办法，三爷爷只好让大班的一个大孩子领着念刚才教过的几个字。他自己就立即赶到小班来。孩子们见三爷爷来了，也就马上安静了。接着小班开始上课，"人、手、足、刀、尺……"。三爷爷在小黑板上写了几个字后，用教鞭指着一个一个地念，并让大家跟着一起念。开头孩子们还跟着一起念了几遍，但没多久就又开始骚动起来。两个稍大的孩子不知为了什么还动手打了起来。三爷爷把他们两人拉开后继续上课，不久两人又打开了。这时，三爷爷拿起戒尺，在他们的小手掌上轻轻地打了一下。他们两个马上就大哭起来，其它孩子看到了也跟着哭了起来。这课也无法上下去了，只好宣布小班放学，就让家人把孩子们送回各自家去。并告诉家长们，这些孩子太小，大一些以后再上学吧。大班的孩子们则在三爷爷的学堂里继续上学。

没多久，蒋介石的军队进攻并占领了县城，后来又从县城向农村推进，民主政府办的学校都先后停课了。学堂也无法上课了，为了学生们的安全，三爷爷的学堂也只好停办了。

 相关联接

学堂停办后，三爷爷又当起郎中，在乡间为人们看病。几年以后，这位可敬的老人不幸病逝。老人的学堂再也没有重新开办。新中国成立后，农村教育普及，农村孩子普遍得到了受教育的机会。老人的让孩子们学习文化知识，为国家培养建设人才的心愿，终于在农村也得到实现。

开明绅士办学堂，为把儿童来培养，谁知老蒋打内战，师生无法把课上。

28

新四军北撤

1946 年，是抗日战争胜利后的中国将向何处走的关键时期。人民都盼望着和平，毕竟和日本人打了十多年，国家已经受到巨大损伤，迫切需要一个安定的休养生息时期;但是，蒋介石却没有这样想，他自以为很强大，妄图用他掌握的几百万军队，剿灭以共产党为代表的人民力量，继续走他的独裁统治老路。从年初开始，他就谋划着全面内战。就连靖江这个小地方，他也调来了三个正规团的兵力，对新四军控制的解放区进行疯狂的清剿。他们杀害了很多曾为抗击日寇做出贡献的民主政府干部和农村的农民群众。当时的靖江独立团为新四军的地方部队，难以抵抗强大的国民党正规军。那时候，全国的大形势是国民党几百万美国武装的军队疯狂地进攻解放区。 面对着国民党军队在人数和武器上的优势，为避免更大损失，新四军和地方干部被迫向北撤退以避其锋芒，同时也在运动中伺机消灭敌人。由于白天敌人活动频繁， 撤退部队基本上都在晚上或黎明时刻行军。我家门前也是部队撤退时经常要经过的大路。在一段时间内，经常有部队从门前经过。这些撤退的部队

既有当地的，也有从江南过来的。有规模较大的上百人或更多人的大部队，也有几十人的小部队。有些部队里有本地人或亲友，也有抗战时期曾在这里打过游击的熟悉人。因此，每当有部队路过时，大路两旁都有很多人在观看，为自己的部队送行。遇到认识的人时就相互间打招呼，或询问自己的亲友情况。除军人外，队伍中也常有身着便衣的人。他们都是抗日战争时民主政府的干部，当

然也是蒋介石的国民党军队迫害的对象。他们在当地呆不住，只好跟着部队向北撤退。因为大表姐、大表哥等亲人也在部队里，二舅舅和姨父也都是地方干部，且也已好久没见面了。也不知道他们是否会跟着部队撤退，妈妈和奶奶在有队伍经过时也常会出来观看。小廉也常常跟着妈妈出门去看过队伍。有几次妈妈遇到一些认识的人，他们和妈妈交谈了几句，说这是临时转移，他们还会打回来的。他们中有些人以前也在我家做过客，有个叔叔还摸着小廉的小脑袋，说他"又长高了"。有时，他还在行军的队伍里看到几个比步枪高不了多少的小兵，他们穿着军服走起来真的是很神气。路边的观看人们还给他们塞了好多花生和熟鸡蛋。望着渐渐远去的队伍，他想"当兵真神气，长大后也去当兵。"

队伍过了肖家段，稍稍拐了个弯就看不到了。妈妈和奶奶还是没有看到舅舅及表姐他们，真为他们的安全担心。奶奶叹了一口气说："这仗要打到什么时候才完?"妈妈安慰了几句，拉着小廉和奶奶一起回家去了。

 相关联接

抗战胜利后，蒋介石要发动内战。为了争取和平、民主，毛泽东主席亲赴重庆和蒋介石谈判，并签订了和平建国避免内战的"双十协定"。但是，蒋介石又背信弃义，在协议签订后的第三天，就发布了内战密令。为避免内战，共产党按协议把曾在江南抗击日本侵略者的新四军撤退到江北。但是，蒋介石仍然派重兵继续进攻解放区，发动了全国性内战。

战争初期，面对来势汹汹的国民党部队的猖狂进攻，苏北的新四军部队进行了北撤的战略转移。同时，避实击虚开展自卫战，粉碎了蒋介石的进攻。当年就在苏北战场上取得了七战七胜的重大胜利。经过三年的艰苦斗争，人民解放军在全国人民的支持下，消灭了蒋介石的八百万军队，粉碎了蒋介石妄图走独裁统治老路，最终推翻了蒋家王朝的反动统治，建立了人民当家做主的新中国。

　　和平协定已签定，蒋氏密发内战令，主动撤退避锋芒，力挽"协定"争和平。

离别前的团聚

在新四军部队向北撤退的后期，社会上形势愈来愈紧张，蒋介石发动内战的面目已暴露无遗。人民盼望的和平的梦想已经被蒋介石打破了。原先抗战胜利后曾经有过的短暂欢乐再也见不到了。

一天中午，外公急匆匆地来到我家，他让爸爸和妈妈赶紧到外婆家去一趟，说是有要紧的事情要商量。吃完午饭后，妈妈抱着才一岁的五妹，外公和爸爸轮流背着小廉，匆匆忙忙地向十多里外的外婆家赶去。那一天，外婆家里来了很多亲戚。妈妈一直担心的二舅、姨父以及姨妈和她家的孩子们也都来了。一时间，外婆家显得异常热闹。厨房里，外婆、姨妈和两个舅妈正在忙碌着做饭、做菜，看起来真比过年还要忙。晚饭时，加上大舅一家人整整围坐了两桌。外婆和两个舅妈忙着端饭、上菜。不一会儿饭桌上就摆满了鱼、肉和各种菜肴。这可比往常的年夜饭还要丰富，确实是一次丰盛的大团聚。但是，气氛却并不欢乐，反而显得有些紧张。家族的男人们坐在一起，边吃边低声交谈着。他们每个人表情都很严肃，好像要发生什么大事情。

晚饭后，大人们又聚在一起交谈着，议论着时局的发展和各自应对变化的想法。我们这些孩子则在另一间屋内玩耍。大一些的在相互间猜谜语，一人说谜面大家抢着说谜底，看谁猜得快而准。"上边毛，下边毛，中间有个水葡萄"；"麻屋子，红帐子，里面睡的是白胖子"；"白布袋，装黑豆，一边走.一边漏"……。年龄小一些的则在一起玩捉迷藏。和大人们相反，孩子们玩得很开心。

夜，渐渐地深了。年龄小一些的孩子慢慢地瞌睡了，就一个个地被安排到床上睡觉去。小廉虽小却全无睡意，拉着表哥的手想要到屋外看看。走出屋后抬头向上望去，黑黑的天空中有一些小星星忽闪忽闪的，好像在对人眨眼睛。他搞不清楚到底发生了什么事，大人们到底在说些什么，为什么今天突然要聚在一起?外面真黑，伸手不见五指。风吹着还有些凉，两人赶忙返回屋内上床睡觉了。在另一间房内，大人们还在讲着话。

第二天早晨， 当他醒来时天已大亮。外婆来叫吃早饭，他赶紧从床上爬下来。在外婆帮助下穿好衣服，就一起走到饭桌旁吃早饭。他发现，吃早饭的人只剩下外公、外婆和二舅妈以及她的几个孩子。昨天晚上曾在一起吃饭的人，好多都不见了。二舅舅、姨父、爸爸、妈妈和五妹以及姨妈的一家人，也不知道什么时候都走了。和昨天晚上那热闹的场面相比，家里一下子冷清了许多。小廉急着要找妈妈和五妹，外婆说她们吃过早饭已经回去了。是妈妈要他留在外婆这里再住一段时间的。

几天后，又听到大人们在议论:好险哪，那天二舅和姨父他们刚过界河不久，后面的国民党和还乡团就追过来了。有些正在界河里渡河的人被敌人开枪打死了，还有些来不及过河的人就被抓走了。

相关联接

北撤后期，蒋介石的部队打到与邻县为界的界河边。一些来不及渡河的北撤干部、群众被国民党军队抓住。敌人用机枪对那些正在界河里渡河的人群进行扫射，有些人当场被机枪打死、打伤。大团聚后的第二天，二舅、大表哥、大表姐和姨父他们就渡过了界河，跟着北撤的新四军部队向北撤退，他们都参加了人民解放战争。解放后，二舅和姨父都在江南从事文化、教育工作，为新中国建设培养人才。

内战形势日紧张，家族聚会来协商，儿童不知时事急，猜谜玩耍捉迷藏。

爸爸离家后的日子

在抗日战争时期，我的爸爸在民主政府所办的小学校里担任过校长、教导主任等职务。抗战胜利后，蒋介石发动全面内战，国民党军队常从他们盘踞的斜桥据点出来，对解放区进行清剿。面对敌人的不断侵扰，学校已无法正常上课。只好采用以前抗战时期常用的游击教学方法，即敌人来了就迅速转移，敌人走了再继续上课。紧张的游击教学也要冒一定风险。有一次转移时，敌人的子弹头就打在爸爸的脚前。他还以为是蚂蚱在跳，低头一看原来是一粒子弹头，捡起来时还有些热。后来，形势更加紧张，民主政府的工作人员，大部分随着新四军北撤而转移。没有多久国民党军队就控制了全县，原先民主政府办的学校已无法继续下去了。敌人对这些学校的老师们也不放过。为避免不必要的牺牲，上级领导要他和教师们自行解散。先转移到安全地方，以保存有生力量。从外婆家离开后，爸爸就在一位抗战时期曾在"西南联合大学"学习过的好友的帮助下去了江南。躲过了国民党军队和还乡团疯狂迫害的锋芒。

小廉在外婆家住了一段时间后，国民党军队和还乡团的主力在占领全县后又向北方追去。这时，靖江独立团和游击队在部分农村地区开始了游击战，打击那些罪恶累累的还乡团骨干及国民党据点里的敌人。外婆家那里原先很紧张的形势稍有缓和，又听说我家那边并无国民党驻军，外公就把小廉送回了家。

回家后，他发现家里已变得几乎不认得的样子。原先街道的很多房子已被拆除。自己家的两间大房子也被拆掉了，砖、瓦被码放在一起。一家人住在三间未拆的屋内。国民党在村里指派了保长和甲长。虽然镇里还没有敌人驻扎，但斜桥据点里的国民党兵也常常会到镇里来。白天，人们也得提防着他们。因为谁也不知道他们什么时候会来。他们来了就抓人、抢东西，搞得鸡犬不宁。还常常逼着老百姓收缴各种各样的说不清楚的税。他们借口治安，搞了所谓的"保、甲连坐制"，一家"出事"十户(为一甲)都要受牵连。他们的探子(特务)到处游荡，看谁不顺眼就扣上"通共"帽子，把人抓走，然后诈取钱财。对于敌人的暴行，人们敢怒而不敢言。白色恐怖的阴影笼罩着大地。弄子里的人们只能把气出在那些保长、甲长身上，背地里骂上他们几句，其实，他们也感到很委屈。

学校没有了，原先上学的孩子们，也和小廉一样只好在家呆着。爸爸好久没有回家了，孩子们真的好想他啊!家里的生活很艰难，每天吃的稀粥里见不到几粒米。在野菜、萝卜、苜蓿、南瓜，变着花样的菜粥里，没有一点油星星。大人和孩子们的肚皮都被撑得很大，我们这些孩子常常饿得头昏眼花。一次，实在太饿了，他突然想起小河边的水里常有很多螺蛳，螺蛳肉也很好吃，就想到河边抓一些螺蛳。但是，刚走到河边就感到眼前一黑，竟栽倒在水边。幸好被邻家大堂哥发现给抱了回家，算是拣了一条命。

 相关联接

新四军部队北撤后，国民党占领了全县，原先的解放区又变成了敌占区。国民党在被他们占领的地区内实施了法西斯式的保甲制度， 还乡团则对解放区人民进行反攻倒算。敌人大肆搜捕共产党人和干部群众，就连原先学校里的老师们也不放过，他们只好四处躲藏。那些原先在抗日战争时期的干部们有的被迫随部队撤退，来不及撤退的只好逃离家乡以避锋芒。在国民党的白色恐怖下，人民生活又陷入饥寒交迫的极端困难境地。

白色恐怖罩家乡，父亲避难去南方，苛捐杂税抢钱粮，缺油少粮饿得慌，突发奇想抓螺蛳，河边差点把命丧。

难眠的长夜

新四军北撤后，国民党军队很快就占领了县里的主要乡镇和交通要道。敌人在斜桥、孤山等地都驻有重兵，并在乡村组建反动政权，推行法西斯式的保甲制。驻守斜桥的国民党兵白天还经常出来抢劫、抓人，所到之处都搞得鸡飞狗跳的。抗战胜利后曾经有过的短暂和平景象已荡然无存。

尽管白天人们要提心吊胆地提防国民党军队，但夜里日子也不好过。晚上，虽然吃晚饭时喝了好多稀粥，但没多久肚子就空了。夜很长，妈妈饿着肚子躺在床上怎么也睡不着。她望着窗外，天黑得伸手不见五指。生活艰难哪!去年收成本来就不好，交完租所剩粮食已经不多了。偏偏又遇国民党的搜刮、抢夺，家里已实在没有多少可吃的东西?而孩子们现在又正是长身子的时候，老是这么下去该怎么办哪?民主政府时期，孩子们的爹在学校里教书，多少还有点薪水。现在抗战虽然胜利了，日本人是被打跑了，可是，该死的国民党兵来了。他们的爹不但不能教书，连生命安全都没有了，也不知他现在在那里，过得又怎么样。现今，一家七口人的生活重担全压在妈妈一个人肩上，就这样妈妈在床上翻来覆去地睡不着。想到这里，她的眼泪就禁不住流出来了。有时小廉半夜饿醒了，还听到妈妈低低的哭泣声。奶奶也是一样，快七十岁的人了，对眼前的处境也帮不上手。艰难的生活再加上对儿子的牵挂，也使她难以入眠。尤其是夜深人静时，人们往往会想起不在家的亲人。思念的缠绕使人难眠。睡不着，奶奶常常是半夜起来和妈妈轻轻地说着话。她们不知道远在江南的爸爸到底是什么情况?另外，妈妈还时常挂念着二舅和姨父，他们跟随部队向北走了，也不知道他们现在何处，是否安全?外公、外婆又过得怎样。家里有几个人在部队里，那里的还乡团有没有找他们的麻烦?想来想去，妈妈很不放心，还是决定天亮后到外婆家去一趟。

夜，是那么长，盼望着黎明快些到来。可真等到黎明来临后，却又得提防国民党军队的骚扰。在那个白色恐怖的时候，又有几家过着能有个安稳的日子？

夜，渐渐地深了，不远处突然响起了几声枪响。接着又听到屋外有匆匆的脚步声从东往西跑去，后面还有几个人在喊叫着、追着。奶奶很着急，想出去看看到底是怎么回事，她生怕被追赶的人是她认识的亲人。正在奶奶要开门时，妈妈连忙把她拦住并跟她说："现在是不能开门出去的，如果开了门，那就正好会碰上那些追赶的特务。如果引起特务们怀疑，不但救不了人，反而可能被他们抓去，甚而被杀害。"这时，我们这些孩子也都被吵醒了。但大家都安静地躺着，谁也不敢再吭气，恐怖的气氛笼罩着人们的心。

在那个时候，半夜打枪这种事，是经常发生的。那些离家避难在外的人，有时会趁黑夜的掩护，回家去看看。当然，这样做是很危险的。如果被国民党特务或还乡团的人发现，是会有生命危险的。因为，敌人也想利用这个时机来伏击他们。所以深夜也常常会响起枪声。有时枪声比较远，有时则很近，往往也会把我们这些孩子惊醒。这时无论是大人还是孩子都无法入眠。大家都不敢吭气也不敢动，以免弄出响声而引起特务们注意，只好在黑暗中静静地等待。直到平静下来，才能轻轻地长出一口气。但愿被特务们追赶的人能顺利逃脱。

 相关联接

解放战争初期，国民党的几百万军队疯狂地进攻解放区。所到之处都组建反动政权，推行法西斯式的保、甲连坐制，妄图切断人民群众和共产党的联系。并在被他们占领的地区大搞白色恐怖。一时间，侦探密布特务横行，对共产党干部、群众进行法西斯式迫害。搞得人心惶惶，连黑夜也不得安宁。长夜难眠饿得慌，思念亲人在何方，突闻半夜枪声响，白色恐怖人心慌。

血色的土地

那是 1947 年春天的一个下午，小廉和几个孩子正在一起玩游戏。突然，有个孩子用手指着北方的天空说："快看哪，那边远处又冒出了好大的黑烟！"顺着手指方向，我们看到了两股黑黑的浓烟，正从北方的一个村落里腾起而直冲天空。那里原是抗日根据地的区域，解放战争初期成了国民党军队和还乡团部队进行重点清剿的地区。看样子，又是两户人家遭到国民党迫害，家里的房屋被敌人放火烧了。

这种放火烧屋的事，人们早已习以为常了。自从国民党军队占领以来，这周围就经常发生国民党军和还乡团杀人和放火烧房屋的事情，人们对此也是敢怒而不敢言。在王家弄的街道上，隔三差五的就有被杀害的人，经过街道被家人抬了回去。起初，人们还跑过去看看被害者是谁，后来见多了心也麻木了，也就无人再去看了。

就在看到北方起火的同时，有好几个大人也在一起小声议论着什么事，看他们情绪很激动。后来在大伯家，听到人们纷纷在议论一件国民党县长凶残杀人的事。人们都为被害者愤愤不平，谴责那些杀人者太残暴，简直不是人干的事。原来，被杀害的人是一位深受人民热爱的，原先抗日民主政府的一位名叫王倬的区长。

王区长是一个在当地深受人民爱戴的民主政府的好干部。抗日战争时期，他领导人民与日本侵略者进行了艰苦的斗争，是一位家喻户晓的抗日英雄。作为抗日民主政府的干部，他为全区人民办了很多好事。

内战初期，蒋介石的国民党军队疯狂进攻解放区，他跟随新四军部队北撤到邻县继续坚持斗争。为了赶走国民党反动军队，维护人民利益。这次，他带领了一支只有七个人的游击队从邻县进入靖江。但不久就被敌人发现。国民党出动一个连的正规军连同当地的还乡团一道包围了他们。战斗打了整整一个白天，战友们先后都牺牲了，他也身负重伤并在昏迷中被敌人俘获。敌人妄想从他口中获取游击队的情况，对他进行威逼利诱和严刑拷打，他都英勇不屈毫不动摇。在威逼利诱毫无效果的情况下，穷凶极恶的国民党县长下令，要用最凶残手段来杀害这位英勇不屈共产党人，同时还威逼当地群众去看他们杀人。

面对敌人的屠刀，王区长毫不畏惧地高喊："共产党人是杀不完的，革命一定会胜利！"敌人用封建社会时代最残酷的凌迟手段来杀害他，烈士的鲜血染红了他脚下的那块土地。在场的群众个个都在流泪，人们的心都碎了，也为烈士的英勇气概所感动。他牺牲的消息很快就传遍了全县。

听了烈士的英勇事迹，小廉幼小的心灵也为之震动。回家的路上，他看到傍晚的残阳把东港边土地庙的白墙染成血红。便联想到王区长那鲜红的鲜血和被鲜血淋红的土地。

好多天过去了，这些情景老是浮现在脑海中，他恨透了那些杀人的坏蛋。

相关联接

敌人的凶残并没有吓倒人民，反而激起了人民的反抗。那些坚持斗争的游击队，在当地人民群众的帮助下，开展了广泛的游击战，渐渐地打开了局面。一些罪大恶极的反动分子受到了严厉打击，敌人的嚣张气焰也渐渐被打了下去。随着人民解放军在战场上不断取得胜利，不到两年时间全县就获得解放。随后，靖江人民为他立了一个纪念碑，永远纪念这位为了人民解放而献身的革命烈士。

杀人放火把房烧，反攻倒算真残暴，抗日英雄被凌迟，烈士鲜血没白流，游击战火遍地燎，反动政权被打倒。

花苗的力量

在小廉还很小的时候，就注意到
自家的小院子里有一簇芍药花。这花
每年春天都会从地里长出小苗。那时
候，妈妈常抱着他到小花苗旁边，有
时给它们松土，有时会在旁边挖一个
小坑埋一些豆饼之类的东西。夏天，
花丛里会开出红红的花。在夏天和秋
天的清晨，花丛里还常可听到"纺织
娘娘"(类似蝈蝈的鸣虫)那悦耳的鸣叫声。听妈妈说，这丛花
种在这里的时间已有好几年了，比大姐的年龄都大。

　　原来，早在我们的父母成亲的时候，当中医的舅舅就送来
了一株芍药花苗给他们作纪念。妈妈就把它栽在了院子里。舅
舅告诉妈妈:芍药花既是观赏花又是一种中药药材，他的花可
观赏而根可入药，有治疗疾病的功效。芍药是一种多年生草本
植物，春天发芽后长出了茎、叶，并在茎的顶端结出花蕾。夏
天季节开出红色花朵。深秋时刻，经霜打后茎、叶即枯萎，而
根在地下越冬。到了来年春天它又会重新发芽。为了防止冬天
花根被冻死，每年秋天妈妈都会在花根上面堆上厚厚的稻草以
给它保温。几年以后，这株芍药就发展成一大丛，每年都会开
好多花。红红的花朵特别让人喜爱，妈妈非常喜欢这种花。她
每年春天都会在花的根部附近，埋下一些豆饼或死去的小动物
作为花的肥料。因此，花的茎叶长得很茂盛，开起来的花也很
大。在那个苦难、动荡的抗日战争时期，这丛芍药花也给家人
在困苦中带来一丝心灵上的愉悦。

　　抗日战争胜利后，蒋介石的国民党政府发动了内战。当
时，盛传国民党军队要在大觉镇建立据点。如果敌人真的在这
里建据点，则免不了要拆民房、修炮楼。为防止敌军在这里驻
扎，响应民主政府号召，妈妈拆除了两间临街大房。把木料藏

起后，将砖瓦堆在院子内。这样芍药
就被压在瓦堆里，没有办法再给它保
温了。次年春天，原以为被压在瓦堆
里的芍药可能已被压死或冻死了，也
就不再理会它了。

　　春天的阳光温暖了大地，小廉和
一群小朋友在院子里玩捉迷藏。当他
躲到原来有芍药的地方，看到竟有几个暗红色的芍药苗，刚刚
从瓦堆的缝隙里探出了嫩嫩的芽尖尖。这个新发现使他忘记正
在玩捉迷藏。就立即跑去找妈妈："妈妈，芍药花没有被冻死，
它们已从瓦堆里钻出来了。"

　　妈妈看到那些嫩嫩的芍药苗芽时，它们看起来是那么软
弱，有的在奋力顶着坚硬的瓦片，有的则绕到缝隙处并从缝隙
里钻了出来。心里想着:多么顽强的小生命，竟然能从这些坚
硬的瓦块堆中钻了出来!她心里也感到内疚，不该把瓦堆在花
上。就和孩子们一起，轻轻地把那些盖在花苗上的瓦片移开，
以让这些顽强的小生命不再受委屈，继续生存下去。为了弥补
对它们的歉意，妈妈又特地给它们追加了肥料。

　　在妈妈的精心养护下，花苗茁壮成长。入夏时刻，一朵又
一朵鲜艳的芍药花争先恐后地开放着，好像是在回报主人家对
它们的关怀。

 相关联接

　　春天是植物生长的季节，看起来柔弱的植物幼苗，却具有
顽强的生命力。这种现象比较常见，压在瓦片下的花苗能够把
瓦片顶开。生长在石缝中的小树有能力把石缝撑开，从而获取
较大的生存空间。这些都表现出生命具有很强的力量，正是这
种力量，才能使我们的地球成为生命的乐园。

　　初春萌芽破寒霜，春风抚拂渐成长，头顶花苞随风摇，入
夏时刻鲜花放。

春荒

　　春荒期间是贫困人家生活最难过的时候。过了清明节，一般人家家里的粮食也就所剩无几了。贫困人家到这个时候多已揭不开锅，但田里的麦子还没有成熟。这就是那个时代农村人们所说的"青黄不接"的春荒。这时有粮食的富户往往会抬高粮价，为了活命不少人家被逼出卖青苗或土地以换取粮食。恶霸、土豪则趁机低价收买土地，加剧了农村贫富差距。

　　由于前一年收成不好，妈妈早早就想到要应对春荒的问题。从秋收后就开始计划着用粮。每天三餐稀粥中都加入适量的红薯(早餐)或胡萝卜、南瓜等以取代部分粮食。有时没有农活，早餐干脆就吃些红薯茶(把红薯切成块加水煮熟后连汤一起吃)。芋头收获后，中午就单吃毛芋头(芋头煮熟后剥去芋头皮吃)。为避免红薯贮存中损坏，就先将一部分表面有损伤，不宜贮存的红薯切成薯条后晒成红薯干。在消耗粮食最多的过年、过节时刻，也想着法子尽可能地减少粮食消耗。春天到了，榆树长了很多榆钱，妈妈看了很高兴。她动手采了很多榆钱，回家后加了一些元麦面粉，蒸了一锅，让家人尝尝鲜。这种新鲜蒸饭的口感还不错，在有榆钱的那几天，妈妈每天都出去采榆钱。后来榆钱没有了，就采了一些较嫩的榆树叶配着粮食吃。榆树叶的口感远不如榆钱好。再后来，榆树叶长得比较老了就没法吃。听一些人说:老的榆树皮也可以吃。妈妈找了几棵老榆树，割了一些榆树的老皮。然后把树皮弄碎晒干再磨成树皮粉。用这种树皮粉和元麦粉混着煮稀粥，那稀粥看起来很黏糊，但吃起来并不好吃。因为我们这些孩子都不喜欢吃，硬着头皮把榆树皮粉吃完后就没有再去采榆树皮了。尽管如此，过了清明节后，所余的粮食和红薯干也难以维持到麦收。妈妈想来想去只好到外婆家去求援。这时，外婆家粮食也不多，但她还是给了妈妈一些粮食和豆饼。

　　妈妈回来后合计了一下，这些东西还必须省着吃，否则也还是难以渡过漫长的春荒。为了尽可能地减少粮食消耗，还必须寻找可代用食品。豆饼是大豆榨油后的豆渣压制成型的，平时用于喂牛或用作农田基肥。实际上，除了油脂被压榨出外，大豆的其它成分还都保留着，只是里面有较多的杂草。妈妈把豆饼用水浸泡后，先把它捏碎，再用水漂洗以除去杂草，就得到干净的豆渣。这种豆渣可加到糇子粥或菜粥中，能顶一部分粮食用。春天天气渐渐转暖，地头边种的苜蓿长势较好，妈妈采了一些比较嫩的苜蓿放在菜粥里，吃起来口感远比榆树皮粉好。随后，又多割了一些炒了一盘苜蓿，一上桌就很快被抢了个精光。看到这个光景，妈妈心里就比较踏实了，这时她坚定了渡过春荒的信心。随着气温上升，河水的水温也在上升。在小汛的那几天，已有人开始到东港港底摸蚬子了。有一天，大姐和同伴们一起到东港摸了很多蚬子。妈妈把蚬子肉加到苜蓿里，做出的菜味道特别鲜美。

　　在这个春荒期间，妈妈还试用豆腐渣来改善生活。她先试着烧豆腐渣吃，口感还挺好。但是豆腐渣容易馊，放不住。特别是天气转暖后更容易坏，只好多加一些盐做成咸菜吃。

　　没过多久，麦子终于成熟了，可怕的春荒才熬过了。

 相关联接

　　看过"白毛女"电影的人，可能都知道过去贫困人家年关难过。但是，实际上更难过的是渡春荒。年关只是较短的一段时间，春荒则长达数十天之久。本来过完年可吃的东西就不多，在随后到来的春荒时期，那就更没有多少东西可吃了。旧时农村的很多悲剧，多发生在这个时期。不少人家不得不出卖田地，甚而卖儿卖女外出逃荒，或沦为乞丐流浪他乡去乞讨求生，有些人则因饥饿死亡。旧中国农村的悲惨情景我们不能忘记，因为只有记住过去才能更好的建设未来。

　　青黄不接春荒期，家中粮食剩无几，树叶树皮填肚皮，豆饼豆渣成美味，旧时农村多悲剧，卖地逃荒寻生机。

拾螺蛳

苏北的冬天天气也是很冷的，这时大田里已没有多少农活可做。这个时期也就是人们所说的农闲时候。但实际上，庄户人家也闲不住。为了来年种田能有个好收成，很多人家会在这个时候从小河里罱河泥。准备用这些河泥作为肥料给庄稼施肥。俗话说:"庄稼一支花，全靠肥当家"。种田没有肥料是不行的。夏天的小河里生长着菱角、茭白、浮萍及多种水草。入秋以后河水的温度渐渐下降，河里的水生植物死亡并沉积于河底。因此，河底的淤泥里往往带有很丰富的有机物。在那个年代，还没有化学肥料出现，河泥自然就成了很好的天然肥料。同时，在这富有有机物质的河泥中，也常常有大量的水生动物如螺蛳、河蚌以及小鱼虾等。这样，在那些已经被罱出到河岸边的河泥滩上，第二天早晨，就会在河泥的表面爬了密密麻麻的一层螺蛳。有时候还会看到一些小鱼、小虾及河蚌等水生物。已有好长时间没有尝到肉味了，为了让家人能吃到一些肉食品，大姐和二哥一大早就赶到河泥滩去捡螺蛳。懂事的小廉也嚷着要跟着一块去。

冬天的清晨格外寒冷，风儿吹在脸上使人感到有如针刺般疼痛。三人分别拿着竹箩和捕捞螺蛳的用具，向一个前一天已经被罱出的河泥滩赶去。天气真是冷啊，虽然穿着棉衣、棉鞋，头上也戴了帽子，但还是感到冷。一路上，姐弟三人边走边将手放在嘴前呼出的热气中哈着，以图温暖已感到很冷的手。东方的太阳刚刚从地面升起时，三个人已经走到了这个河泥滩跟前。

这是一个沿河分布，呈长条状的河泥滩。经过一夜时间，大大小小的螺蛳都已爬到河泥的表面，密密麻麻的一层。看了真令人高兴，看起来今天的收获应该不会少。忘记了寒冷，姐弟三人立即动手捡那些用手就可以捡到的螺蛳，随后再用工具刮取用手够不到那些。没多久，就装满了一个竹箩的螺蛳。与此同时，还在河泥表面的水洼里捡到了一条手掌大的小鱼和几个河蚌。这时，小廉的手和脸上已弄得到处都是河泥。姐弟三人带着捡到的成果心满意足地往家赶去。路上，姐姐逗着我"小泥猴，我们猜个谜好吧?"我当然也不退让，就说:"你才泥猴呐，猜就猜。"大姐说:"尖顶坛，平底盖，里面装的好小菜。"我们兄弟俩异口同声地说:"螺蛳!"三人说说笑笑地再也不觉得寒冷了。

回到家，妈妈见捡到这么多螺蛳，也很高兴。心想，今天可真的开荤了。吃完简单的早餐后，就忙着把那些螺蛳和几个河蚌洗干净，放到锅里把它们都煮熟了。顿时屋里弥漫着一股香香的煮螺蛳气味。妈妈找了几个缝衣针分发给孩子们，一家人围着桌子挑起了螺蛳肉。嘴馋的小廉一边挑一边吃，妈妈看到了笑了笑说:"吃吧，三儿。看把你馋的。"一锅螺蛳挑出了一大碗螺蛳肉。后来，细水长流地每天放一些在菜粥里。就这样，也一连吃了好几天。至于那一锅螺蛳汤，味道也很鲜美。妈妈就在汤里加了一些米、青菜和萝卜，煮出了一满锅菜粥，也就成了那天的美味午餐。至于那条小鱼嘛，小廉把它糊上泥巴放进灶膛里，没多久就烤熟了，那鲜嫩的鱼肉真是好吃。

相关联接

当时农村生活很困难，为了活命很多人家会下河打鱼或捕捞螺蛳，用以解决食物匮乏问题。我家没有这个条件，只好在那些罱出的河泥滩里捡螺蛳。那时农村没有用化学肥料的情况，不存在河水污染问题。因此，河水里水生物还是比较多的。冬天，在河泥滩上捡螺蛳也是解决缺乏肉食品的一个办法。现在，人民生活水平都有很大程度提高，当然没有必要再去捡螺蛳。况且，随着水污染情况加重，河里的水生物也渐渐地减少了。

旧时农村生活难，动物食品很稀罕，寒冬腊月河泥滩，捕捞螺蛳来解馋。

36

摸蚬子

"初八、廿三小汛底，正是摸蚬子的好时机。"从晚春到中秋的这一段时期，农历每月的初八和二十三日，都是潮汐最低的时候(在当地被称为"小汛")。在小汛的前后几天，每天上午和下午都会有一个潮水最低的时段。这时，由于海潮退到最低点处，与大海相通的河流中的水量也最小。东港里的水少到人们可以光着脚下水，可以在很浅的水里采集蚬子等水生物。蚬子是一种生长在港底泥沙中的小型贝壳类动物，以水中细微生物为食。其外形呈等边的扁扇形，有黑色的外层贝壳。个体远小于河蚌，一般长度约 1-3 厘米。喜欢生活在水流流畅的清洁水底，多呈现群体分布。它的活动能力很小，遇外来刺激时只会紧闭双壳而不动，所以很容易捕捞(在当地也称为摸蚬子)。煮熟后，贝壳会自行张开，白色的蚬肉味道很鲜美。一般在农历 4 月以后捕捞。

春荒已经接近尾声，地里的麦子也快要成熟了。这时适逢小汛时段，大姐和几个小姐妹相互间商量着要去摸蚬子，小廉知道后也闹着要跟她们去。因为他还小，她们也怕他不听话到处乱跑而出意外，就都不想带他去。但经不住他的软磨硬泡，而且也保证听姐姐们的话不乱跑，最后大家还是同意他跟着一起去。不过，为避免意外，限令他不许下水，只能在港边岸上替她们看着鞋。东港离家约有半里路，他们几个孩子一路上嘻嘻哈哈地向港边走去。沿途看到大片农田里麦子快要成熟了。在风儿的吹拂下，金色的麦浪在翻滚很是漂亮。走田埂在上，见到两边插种的蚕豆和豌豆的豆荚也多已饱满。今年的夏粮可能会有较好的收成。走着、走着就来到港边，东港里的水确实是很浅，已有好几个人进入港底里，港里的水也只是刚到脚脖处。姐妹们连忙脱去鞋,顺着港边的斜坡下到港底。她们必须在较短时间内采完,如果时间太长了潮水就会开始上涨,那还是会有一定危险的。下到港底后,她们很快就找到了那些蚬子分布密集的地方。当即不断地用手在港底的港泥里摸、抓蚬子,洗去泥土后把它们放到盛放蚬子的竹箩里。她们在港里不停地忙碌着,还情不自禁地说着:今年的蚬子真是又多又大。大姐说:"是啊,好长一段时间没人摸它们了,当然会长得很多很大喽!"小廉听到后也想下去,但姐姐们说:"你得给我们看好鞋,要是鞋看丢了,那我们可要打你的小屁股。"想到来之前自己的保证,他只好乖乖地呆在岸边给姐姐们看着鞋。渐渐地竹箩里的蚬子装满了,也快要到涨潮的时候了。姐姐们就一个个带着丰盛的收获上岸了。回家后,妈妈反复地把蚬子清洗了好几遍。然后把它们倒入锅里煮开了。开锅后,蚬子壳全都张开了,露出了嫩白的蚬子肉。妈妈把它们从锅里捞出,让孩子们捡蚬肉。她自己则跑到田埂上摘了一些已经成熟的豌豆豆荚回来,又到面店里换了一些面条。随后,她在蚬子汤里加了些新鲜豌豆粒和青菜,煮开后又放了些面条进去,做了一锅香喷喷的汤面条,吃起来真是又香又鲜。

 相关联接

蚬子肉是一种很鲜美的美味,可以用作包馄饨的馅或配着其它菜炒着吃,这也是一种美味的风俗小吃。煮蚬子的汤很鲜美,以前常常用来做汤菜。解放后,为了发展水上运输,原先很浅的只能通小船的河、港多已开挖得很深,以便大船通航。这样人就无法下到水中摸蚬子了。此外,现代的农业生产化学肥料使用过多,对水的污染也很严重,已不适于蚬子的生长。所以,摸蚬子的事,现在也只能是人们记忆中的事情了。

初八廿三小汛底,捕摸蚬子好时机,蚬肉鲜美是美味,有幸得吃难忘记。

小妹过继

　　小妹是家里的第五个孩子，她是1945 年农历八月初一出生的。当时正是日本投降的时候。她出生后不久就遇到蒋介石发动内战，新四军北撤，爸爸被逼逃往江南避难。那时，家里的经济状况很差，只能勉强地维持生活。因为妈妈经常吃不饱饭，她的奶水就不足，小妹也常常要饿肚子，所以她显得很瘦小，都一岁半了还不会走路。每天只好把她放在"立窝"里坐或站着（"立窝"是当地过去抚养那些已经能坐，但还不会走路的孩子所用的幼儿用具。是一种用稻草编成的，可供幼儿坐或站立的生活用具，其上部小底部大，中部用竹片板分隔成上下两层。能稳稳地立于地面，竹片板上面常放一个小凳供孩子站累了坐着休息。天气冷时，还可在竹片板下放置一盆无烟的热炭或从灶膛里掏出的热灰以取暖。）尽管还不会走路，但她还是挺讨人喜欢的。瘦小的脸上两个大眼睛很有灵气，她那小嘴巴也常常说得不停。她从不认生，谁要是逗她，她就大大方方地和人家玩。妈妈常说:这孩子的嘴真乖巧。在那段困难时期，她是家里人都很喜欢的开心果。

　　1947 年的春天，生活过得特别艰难。邻居堂伯看到妈妈一个人承担这个七口之家，缺吃少穿地艰难度日实在困难，就劝说把小女儿过继出去，以减轻一点生活负担。当时正好有一户陈姓人家想收养一个孩子。陈家与堂伯相识，女主人结婚已很多年但还没有生育，正在到处打听着想领养一个孩子。当她知道我家情况时，就很高兴地找到堂伯。堂伯让女儿领着她先来看看孩子。那天妈妈正在地里干活，小妹一见到她就显得很高兴。她对小妹说:"你叫我妈妈，我给你糖吃!"小妹就很爽快地就喊了声"妈妈"。她应声就把小妹从"立窝"里抱了出来，一边把糖递给小妹一边逗着她玩。这时，她已从心底里爱上这个孩子了。对于过继一事，妈妈一开始是很不愿意的，毕竟孩子是妈妈的心头肉，那舍得给人呐。但经不住堂伯反复劝说，她又亲自到陈家了解情况。最后，觉得陈家是会真心对待孩子的，自己家里确实很困难也就同意了。

在得知妈妈同意后，陈家女主人很快就过来把孩子抱走了。小妹到陈家后，陈家视她为己出，在生活上显然要比在家时好得多，妈妈心里也多少得到些安慰。此后，两家约定相互之间认亲戚，并常常相互走动。同时，在那个艰难的春荒时期，她家也给了我家一些帮助。不过，孩子毕竟是娘的"心头肉"，小妹到陈家后妈妈还是有些想念的。在那个生活实在难以维持下去的情况下，当妈妈的虽然从心底里还是舍不得孩子离她而去，但也确实没有什么更好的办法了。

小妹离家以后，妈妈对女儿的思念仍然持续了很长一段时间。小廉注意到，妈妈有时从地里劳动后回到家，干活用的农具还没有放下，还会情不自禁地喊着小妹的名字。她在暗地里不知为孩子流了多少眼泪。

 相关联接

陈家虽然家境并不是很富裕，但对小妹是十分疼爱的。因此，她在陈家的生活过得还是很满意的。解放后，陈家还送小妹上学。小妹长大后也承担了对养父母的应尽责任。两家一直保持着亲戚关系。

小妹是家开心果，春荒时日也挨饿，孩子是妈心头肉，让与他家伤心窝。

38

采菱角

　　早春的小河，水面上渐渐浮出点点绿色嫩芽。过不多久，这些绿芽就会长成一团团的水菱苗。在春风的吹动下，随着水波轻轻地舞动着。进入夏天，一丛一丛的水菱盘漂浮在水面，渐渐地把河面覆盖了一大半。在那高出水面的水菱丛中，点点小白花随着波浪时隐时现。经过一个夏天，水菱结出的菱角也渐渐长大。到了秋天，菱角就渐渐成熟，隔几天就可以采

一次菱角。我家临近河边。每年的秋天，东沟、南沟和北沟里都浮满了水菱丛。采菱往往成为村里最热闹的时候。贫困人家置不起船，一般是坐着夏天洗澡时用的长形洗澡木盆来采。由于成年人体重大，木盆难以承受其体重。所以，采菱一事只能由十多岁的孩子来承担。这时，年轻女孩坐着木盆，游荡于水面采菱角，就成了水乡的一道风景。

　　中秋节前天，又到了采菱的时候。大姐和二哥抬着洗澡盆，小廉拿着一个小凳，三人走到北沟的水码头上。先是轻轻地把洗澡盆放到水面上，小廉把小凳放在木盆前端。二哥拉稳木盆后，大姐就很小心地跨进木盆，坐在木盆前端的小凳上。接着她用两手同时在木盆两边划着水。木盆渐渐被划到水菱密集处停住，大姐就一手拿住水菱盘一手摘菱角。摘下后顺

手往盆里一丢，又开始摘下一个。大姐心灵手巧，在岸上看摘菱的人都夸她摘得快。没有多久，大姐就把属于自己家的水菱采了一遍。然后，两手划水回到水码头边上岸回家。

采回的菱角有好几种。最多的是两端长有尖角的两角菱，这种菱角可从中间掰断或咬开，吃起来比较方便；其次是除两端外，中间还长有两个角的四角菱，吃的时候若不小心就会扎伤嘴；最不好吃的是长得最小的野菱角，它长得还没有其它菱角的一半大，但四个尖角却令人难以下手，所以一般人都不爱吃它。小廉特别喜欢吃的是一种皮色发红的四角菱，这种鲜嫩的四角菱，剥去菱壳就可以吃，吃起来又脆又甜清凉可口。妈妈怕他吃多了伤肚子，就说："吃几个就可以了，多吃会肚子痛的。"随后她挑了一些比较大的，已经成熟的"老菱角"扔回河水中(水菱是一种一年生的水生植物，要留一些老菱角在河里做来年的种子。)接着就把那些菱角放在锅里煮着，准备次日过中秋节时再吃。

中秋节那天，天气特别晴朗。煮熟的水菱也就成了中秋节的美食。妈妈又用元麦面粉做了几个月饼模样的大饼子。到了晚上，一轮明月从东方升起。一家人七手八脚地把饭桌和凳子都搬到院子里。就着中秋节的明亮月光，全家人高高兴兴地吃着水菱和自制月饼，渡过了一年一度的中秋佳节。

 相关联接

水菱原是南方乡间河流中常见水生植物。菱角肉内含有丰富的淀粉，煮熟后在一定程度上可顶替部分粮食。秋末，采完菱角后的茎和叶还可以用作养猪的饲料或农家肥料。水菱生长需要良好的无污染环境。后来，随着农村化学肥料使用，河水也受到不同程度的污染。一些原先能长满水菱盘的河里，也因为污染而不再适于水菱生长。笔者几次返回故居时，以前那满河的水菱盘再也看不到了。

水菱本是水中宝，既是水果也入药，嫩时剥壳味道好，煮熟代粮老菱角，治病作药问本草，时珍书中可以找。

过继风波

伯父和伯母两口子相互间很是恩爱，但唯一不足的是他们始终未能生育孩子。随着年龄的增长，伯母渐渐地过了生育年龄段，他们难免心中有些悲伤。想到步入老年后，得有人能为自己养老送终，要一个孩子的心意自然显得更迫切。早在小廉还很小的时候，伯母对他就很喜欢。那时，抱着他躲日本人，渐渐地建立了对他的感情。平时有什么好吃的也都想着他，不是给他送一碗来，就是把他叫去一起吃。这种特殊的待遇是哥哥和姐妹们所没有的。对此种情况，爸爸和妈妈也都心中有数。小廉自己对伯父和伯母也很尊重。直到小妹过继给陈家后，伯母才开始向妈妈试探"过继"的问题。当然，对于把儿子过继给大伯父家，妈妈和爸爸也不可能反对。因为，一方面可以减轻家里孩子多的困难，另一方面也解决了大伯父家后继无人的困境。可以说也是一个皆大欢喜的好事情。更何况两家又是门对门的离得很近，每天都能看到。

一天，妈妈试探着问小廉："伯父很喜欢你，想让你到伯父家住上几天好不好？"他听了也没当回事，就应声回答说："好吧。"妈妈也很高兴地告诉伯母。伯母听了也很喜欢。伯父是打鱼的好手，知道后就拿起他那个打鱼的大网，到大港边下网打鱼。他想打上几条大鱼，晚上好好的吃一顿鱼，他知道小廉是很喜欢吃鱼的。那天他真的很幸运的打到一条很大的鱼。那鱼的鳞片就有大人的拇指甲盖那么大。伯父把鱼鳞刮下后也洗干净，准备以后用油炸酥了再吃。然后，他高高兴兴地让伯母做了一锅红烧鱼。傍晚时鱼烧好了，伯母连忙叫小廉来吃鱼，顺便也给我家送了一碗。

小廉喜欢吃大鱼，是因为大鱼的鱼刺也大，很容易挑出，吃起来方便。这条鱼也真大，三个人吃一顿也未吃完。吃完晚饭以后，天就渐渐地黑下来了。那时的农村里没有电灯，晚上照明是用豆油灯或洋油灯。一般人家也舍不得长时间地点着油灯，所以天黑不多久就要睡觉了。伯父对他说："今天晚上就不要回去了，在这里和我一起睡，好吗?"他以前也和伯父睡过，所以也很随便地应声道："好的。"但是，也不知道怎么回事，睡到半夜时候，他突然想妈妈了，就哭了起来。开始时哭的声音还不大，后来竟大声哭了起来。哭声把伯父和伯母都吵醒了。问怎么啦，他又不说。他们哄了好久，他才说了一句"我想妈妈了"。搞得两位老人实在没有办法，只好起床送他回家去。

次日一早，伯父来到我家。问起昨天小廉回家后的情况，妈妈解释道："可能是他还小，离开妈妈还不习惯的缘故吧。"

"过继"的事也只好暂时停止了。

相关联接

一年后，伯母从他娘家兄弟那里抱养了一个女孩。那女孩子大约比小廉小一岁，他们打算两个孩子长大后结为儿女亲家。由于年龄相近，没有多久两人也就玩到一起，伯母和伯父见了也挺高兴。后来小廉到县城上学时，伯父还特地到学校去看过他。再后来他到北京上学，并志愿到新疆工作。堂妹不愿离开家乡，就和一位邻村男青年结了婚。伯父和伯母又领养了一个男孩以继承家业。对于伯父和伯母，小廉还是很有感情的。每逢出差路过或回家探亲，都会去探视两位老人。

伯父伯母无小孩，过继孩子理应该，有心找他继家业，过继不成深情在。

40

旅途

秋收以后，妈妈接到爸爸托人捎回来的一封信，得知爸爸已在无锡农村一个名叫"蠡蝈小学"的乡村学校里当老师。差不多有一年时间没有爸爸的消息了。得知这个消息后妈妈很高兴。这时她又想到，爸爸一个人在外，生活上也需人照料;加之小妹过继一事心情不畅，同时也需要去和爸爸沟通一下。她心里就萌生了到无锡去探望爸爸的心思。为此，妈妈到外婆家去了一次，说明了她想到无锡去看看。外婆也支持妈妈去，并给了妈妈一些钱作为路费。在得到爸爸同意后，就上路去无锡探视了。因为两个儿子都不大，走不了远路，只好雇了一辆手推独轮车。那时农村的乡间小路都不宽，而且拐拐弯弯的只能走独轮车。她让两个儿子分别坐在车的两边，再装一些江北地产食品，这车也就满了。她自己只好拎着一个包袱，跟着小车走。大约走了一个多钟头，就到了一个叫"上张公殿"的集市，已过继小妹的新外婆也住在那里。这位外婆已年近六十，独自一人在集市上摆了一个杂货摊，卖一些针头线脑之类的小商品。见到老人后，小廉和哥哥叫了声"外婆"。这位外婆很高兴，忙着让座的同时，又在集市上买了很多肉馒头(包子)，招呼我们吃。随后又拿了一些东西让带上。由于要赶路，吃过馒头后就告别外婆赶路了。一路上还算顺利，天黑前就到了长江边的渡口旁。当时，已值深秋，长江上风很大，一时间找不到可以过江的船。就这样，一家三人只好在江边的一家用芦苇搭成的草屋里住下，等待风小一些后再找可以过江的船。初到江边时，头一次看到那很宽阔的大江，我们三个人都觉得很新鲜。远远望去，江南那边的江岸都看不清楚。只能看到对岸隐隐的小山。江水中间还可以看到一个小小的船儿在原处上下摆动。到夜晚再看时，黑黑的江面上只能看到那小船上的灯光在摆动着。"那船为什么老停在那里，它是做什么用的呢?"小廉很奇怪。后来听当地人说，那是给航船指路的航标。因为江水底下可能有一些暗礁，如果不按航标行船，就有可能会触礁或翻船。他想:原来表面上看起来很平的水，它的下面并不平坦。

在江边一连住了好多天。我们两个闲不住的孩子，很快就和户主家的孩子们混熟了。潮水退落后，我们两个就跟着当地的孩子们一起，到江滩上捡些小鱼、小虾和螃蟹等，拿回"家"可以煮了吃。那些在江边住久了的孩子们都知道涨潮、落潮的规律。他们警告我们两个新来的伙伴:"不能在江滩上走得太远，因为涨潮时江水会很快地涨上来。如果走得太远的话，会来不及赶回岸边，大浪会把人卷到大江里，那样就很危险了。这里每年都有人因此而被淹死。"他们还告诉小廉:长江里有很多种鱼，这些鱼有一定的季节性，春天时的鲥鱼、刀鱼都很鲜美。江边的水上人家大部分是靠打鱼为生。江里还有一种叫"江猪(江豚)"的东西，它们会成群活动。谁要是欺负它们，它们就会把谁的船顶翻，所以不能惹它们。一般地，它们对人还是很友好的，它们从不主动攻击人。

晚饭后，大人们闲谈时，还说起了民国二十六年冬天，日本人在南京杀了很多人。在那一段时间里，长江上经常有很多被杀害的人浮在江水中向东海漂去。

 相关联接

在江边住了半个多月，终于遇到好天气，乘小船渡过了长江。那时长江上没有定期航班，交通很不方便。从苏北到江南，往往要走好几天，象这样在江边等上十天半个月的情况是很平常的事。有时连续好长时间封航，则所需时间更长。解放后，设立了渡江的定期轮渡，过江就比较方便了。现在，乡间道路四通八达，特别是江阴长江大桥建成后，只需几分钟时间就可很快地从江北到达江南。

　　寻父来到大江边，封江无船真不便，江边停留十余天；现今大桥已修建，过江只是一瞬间。

秀才的困境

秀才约有五十多岁，中等身材，白白净净的，是一位和善的老人。说起话来慢条斯里的，还时常冒出几句"子曰……"之类，一般人听不太懂的话，显得他很有文气。他家是我们住在长江江边等待渡江时的邻居。据房东说，这位秀才年少时是一个很有才气的"神童"。他家以前是当地有名的大户人家。幼年时期的他喜爱读书，人也很聪明。那时，家里人对他确实是抱有很大希望的。

有一年，适逢前清(清朝)的最后一期科举考试。因为那时他还小，他的父亲原本只是想让他去试一试，增长一些参加科举考试的经验，并没有指望他能考中。没想到当时才十多岁的他却竟然考中了"秀才"。这一下子，他在乡里就大名远扬了。但是，他是一个只会死读书的人，其它什么都不会做，脾气还很固执。满清消亡后，走科举仕途自然行不通，他也就不得志。后来，又因为婚姻问题和家人闹翻。就离开家庭独自生活。不过他除了会念书外，并无日常生活技能，所以就陷于十分贫困的境地。好在他还写有一手好字，也算是一技能。逢年过节或有喜事的人家，还会请他写些东西并给一些钱作为笔资。再加上他的女人在江边还可以捡一些鱼、虾和螃蟹之类的东西可吃，这一家人才勉强度日没有被饿死。

秀才家是一个很典型的贫困户。一天早上，太阳已上升得较高。小廉和哥哥想去找他家的孩子们玩。他家的门大开着，走进房子后，看到三间用芦苇围着的屋子里四面都透着风。屋里没有什么家具，睡觉的房子内竟然没有床，只是在地上铺了一层稻草。在一个满是窟窿的棉絮堆里挤着四个孩子。他的妻子比他小好多，人长得还比较粗壮，她正忙着做早饭。

秀才身穿一件打了好多补丁的长褂子，正在一本正经地："子曰……"，"……贤者回也"的读着一本旧书。看到他们两个后，他就放下手中的书。很和气地摸摸小廉的头，问道："今年多大啦?"小廉告诉他："我 7 岁(虚岁)了"，又问"认不认识字?"他回答道："我只认得几个字，我哥哥认识得的比我多，他已上过一年学了。"他说了声"好"。接着又问："你们到这里来做什么呢?"小廉告诉他："我们是路过这里的，要过江到那边去找爸爸。他在江南的一个学校里教书，我们要到那里去读书。"正说着，女主人已做好早饭，喊着那些还钻在"被窝"里的孩子们起来吃早饭。小廉和哥哥也就告别秀才回"家"了。背地里，他们还听到秀才叹了口气，困惑地说道:瞧人家的孩子多好啊，小小的年纪就知道要上学读书，我家这几个孩子却只知道吃饭、睡觉。

后来，又遇到几次秀才。他还用芦苇杆作笔，在沙地上写字让小廉认。小廉也很认真地跟着他认字。他不断地叮嘱说："要多读书，书读多了就有知识。总有一天，天下会太平的。到那时，知识还是会有用处的。"

相关联接

一年以后的冬天，小廉、哥哥和妈妈从无锡返回江北老家时，又路过江边。但是，在原先那个房东和秀才家曾住过的地方，眼前已是一片荒滩，原有的那些草房子看不到了。据当地人说:淮海战役后，向南方败退的国民党军队溃逃的败兵们抢劫了这里，把江边的房子都烧毁了。想到那些人家本来就很可怜，连原本就破旧的房屋也被烧毁了，那些可怜的人们又能到那里去安身呢?

秀才原是一神童，清末科举秀才中，时局不济才无用，落泊江边无所从。

迷路

过了长江就到了江南，接着就在江阴汽车站乘上了去无锡的汽车。头次坐汽车还挺新鲜。那时的公路是石子路，汽车在路上行驶时还是比较颠簸的，但比独轮车还是要快而且舒服多了。在无锡汽车站下车后，人很多，相互间挤来挤去，小廉就和妈妈就失散了。他急着在人群里找妈妈，也没有找到。忽然，看到前面有一个女人穿的衣服很像妈妈。就急着往她那儿走过去，但她却一直沿着马路走了下去。此时，他只好一路跟着她走。走着走着，一直走到一座又高又长的大桥前，那个女人回头望了一下。小廉这才发现她并不是妈妈。这时，他已找不到妈妈了。他吓坏了，不知怎么才好。站在桥头上往回看，马路上全是人和来来往往的大汽车，根本就见不到妈妈的人影。再往前看，前面是一座高高的大山，山上还有一个大宝塔。这个地方他从来也没有来过，急得他站在桥头上就哇哇大哭起来。

小廉的哭声引起了一个在大桥旁边玩的女孩的注意。她看了看，原来是一个不认得的小男孩在哭。就连忙走过来说："小弟弟不要哭，你怎么啦？"他回答道："我找不到妈妈了。"女孩又问："你到这里来干什么？"他告诉她："我们是从江北来，到无锡找爸爸，下车后走失了。"女孩接着问："那你妈妈穿的什么样子衣服，我帮你看看。"我说："妈妈穿一件浅蓝色旗袍。"女孩想了想说："这样吧，你先到我家去。我在这里帮你看着，好不-好？"说着她叫来了一个比小廉稍大一些的男孩，让男孩带着他从大桥上走下去。在那男孩带领下，一直走到一条大船前。他拉着小廉的手，从跳板上走进大船，船上的女主人问男孩："他是谁？"男孩说："是姐姐在桥头捡的，她让我先带回家，她还在桥头等这孩子的妈妈。"女主人随后到船舱里和她男人说了几句后，又过来问情况。小廉只好老实地回答着。桥头上的女孩等了一会儿，没等到人就回到船上。看那姐姐没有等到妈妈，他就又哭了起来。那姐姐连忙叫男孩拿来几粒糖，并哄着让他别哭。女船主想到孩子可能饿了，就问他要不要吃点饭。这时，小廉也确实饿了。她就在锅里给他盛了一大碗米粥，他很快就把粥吃完，后又一连吃了两大碗(小孩因为长期喝稀粥，把肚子撑得能吃下大人才能吃的饭量，在当时的农村是很常见的)。这一下，把女船主惊呆了。这孩子竟这么能吃！她立即走到她男人那里嚷道："这孩子不能留，我们养不起！"她马上打发女孩再到桥头等小廉的妈妈。原来，女船主刚见到孩子时，还真想把他留下。她想，过几年再大一些，男孩子可是个好劳动力。这时她改变了主意，要尽快把他弄出去。因为，作为普通的船民来说，他们已有四个孩子，而这孩子也太能吃了，她负担不了。

　　小廉的妈妈发现小廉不见了也很着急，找到当地一个警察说了情况。那位警察也是从苏北过来的，对妈妈走失孩子的情况很同情，就帮着找孩子。他们边找边问马路边的人，有人说是看到有一个小男孩在大桥头哭过。她就很快赶到桥头，正好那船家女孩还在桥头等人，看到眼前穿蓝色旗袍的人，就想可能是那个孩子的妈妈。就迎上前问道："你是不是走失了一个小男孩?"妈妈一听高兴极了。就跟着女孩走到船里。一看到妈妈来了，他一下子就扑到妈妈怀里。妈妈连忙买了一些礼物送给船家，感谢之后领着他又上路了。

 相关联接

　　带着孩子出门，走失孩子的事就是现在也是时有发生的。特别是在人多拥挤时，如不注意孩子很容易会走失。因为孩子矮小，一旦离开亲人挤在人群里，他只能看到大人们的身躯，无法看到脸面;而大人们也不容易发现人群中身材矮小的孩子。所以，当去外地遇到拥挤的情况时，应尽量避开拥挤的人群，待等到人流较稀疏时再走，以防失散。

迷路乱跑不应该，船娘见他心喜爱，若非他是大肚孩，人生命运必定改。

竹林秘密

经过途中的几番周折后，我们终于在无锡见到了已一年没见的爸爸。因为天色已黑，在那时走夜路是很不安全的，只好在无锡城里住了一夜。次日一早，天还下着毛毛雨。但爸爸还要急着回去给学生们上课。在街上简单地吃一些早饭后，妈妈拉着二哥，爸爸背着小廉就冒雨往学校赶去。那时，爸爸已在学校旁边租好了一间房子，算是一个临时的新家。安顿后，爸爸就带着二哥去了学校，他在学校里上了二年级。妈妈和小廉则留在这个新家。因为刚到这里，还有很多事情要做。妈妈里里外外忙了好几天才算忙完。然后，房东带着妈妈拜访了周围邻居。新家房屋的后面是一大片竹林。东边是一条小河的盲端，小河向北绕过竹园往西流去。这里位于小村子的最东端。村前有一条小路直通学校。在家里就可以听到学校里上、下课的铃声。

房东见小廉还是一个不大的小孩子，就叮嘱妈妈，不要让孩子到竹园里去玩。妈妈对此也很重视，严令不许到竹园里去。小廉是一个很听话的孩子，以为竹园里有什么秘密不能让他看。所以，也就不到那儿去了。妈妈看到在小河与房屋之间还有一些空地，就打算在地里种些蔬菜，和房东商量后房东也同意。这样，爸爸和二哥上学校去后，妈妈就在小河边的地里忙着整地，准备来年开春种些菜。

冬去春来，没有多久春天就到了。看到天气在渐渐变暖，妈妈用从江北老家带来的种子，在地里种上了蔬菜。没过多久，蔬菜小苗就长出来了。这一小块地面积虽然不太大，但地里长的菜，基本上能满足一家人吃的。有时，妈妈还会给房东家送一些。

春天的竹园里，小竹笋尖渐渐地冒出地面，嫩竹笋也是一种好吃的时令菜。但妈妈说：那是房东家的竹园，我们不能进去，更不可以去挖竹笋。一天，房东家挖竹笋也叫上妈妈一块去。小廉就跟着她们进了竹园。那个竹园真大，里面的竹子长得很多也很高。她们间或地在竹园里挑了一些较嫩的竹笋挖，大部分则留着长竹子，挖了一小筐后就不再挖了。房东又领着妈妈在竹园里走了一会儿。最后，来到竹园深处的一眼水井旁，说：这眼井很深，不能让小孩子过来，是怕他不小心掉下去。小廉和妈妈很小心地走到水井旁，从低矮的水井口向下望去，深深的水井里黑乎乎的令人害怕。这时，妈妈和小廉才弄明白：原来房东不让进竹园，是怕孩子出危险。走出竹园后，房东给了妈妈一些竹笋。妈妈用这些竹笋做了一个菜。晚饭时，爸爸看到这碗菜，就问妈妈竹笋从那里来的？妈妈把房东领着去竹园的事说了。爸爸也说，不是我们家的东西我们不能碰。

因为临近竹园，为避嫌，妈妈从来不买竹笋做菜吃。自此，小廉也牢牢地记着：不是自家的东西是不能碰的。

 相关联接

"不是我们的东西我们不能碰。"此外，生活中也往往需要避嫌。例如，在瓜地里是不能系鞋带的，因为当你蹲下去后别人可能会怀疑你在摘瓜。所以，住在竹园边不能进竹园，也不能在集市上买竹笋做菜吃。父母是孩子的第一任老师，父母的言行对孩子影响是很大的。这些影响往往又是在日常生活中间无形之中产生的。因此，良好的家风对孩子健康成长也是很重要的。

寒冬过后春日来，新出竹笋好小菜，房东竹园在房后，避嫌不把竹笋买。

44

细菌惹的祸

江南的夏天是相当热的。热心的女房东告诉妈妈说："井水是冬暖夏凉，所以夏天的井水是很凉快的。"她还拿来了一个水桶和一条长长的绳子，教会了妈妈怎么样到水井里打井水。随后，她们还拎回了一桶井水。看着清清的井水，觉得比平时吃的河水要干净得多。妈妈舀了一碗喝了几口，说真凉快。随后，小廉也喝了一些，觉得井水是要比河水凉快多了。后来，妈妈就常常到房东家借水桶打井水。有一天，下了很大的雨，天晴后天气闷热难忍。妈妈打来了一桶井水并喝了一碗，当时她还觉得挺凉爽的。

当天晚上，妈妈突然感到腹部疼痛，随后开始发烧、腹泻。一连病了好几天都没有好转。这可把爸爸急坏了，他既要照顾病人和孩子们的生活，又要到学校给学生们上课，搞得他忙里忙外的不知怎么才好。请郎中看了几次，说是得了痢疾，吃了几付药后稍微有些好转。那时，虽然不再发烧，腹痛也有所减轻，但腹泻还没有好，一天还要拉好几次。妈妈看着爸爸也实在太辛苦了，就拖着患病的身体起了床，并开始料理家务。这时的妈妈肚子里还正怀着宝宝，所以身子很虚弱。但是，没有办法，只好硬挺着。

那年夏天，村子里还有好多人患有同样的疾病。爸爸说："这可能和那场大雨有关，大雨后被细菌污染的雨水流到井里，把井水污染了。"说起来也真是有可能，因为那天妈妈就是喝了井水后才病的。又过了几天，妈妈总算康复了，家里才恢复了正常生活。此后，妈妈再也没有到井里打水，也不再喝生水了。

立秋后，有一段时间天气非常热。村里又有一些人患有相同情况的疾病。村前一个名叫"美丽"的小女孩，就没有逃过病魔之手而夭亡了。那是一个很讨人喜欢的女孩子，才刚刚会走路。大大的眼睛，嘴巴很甜，还真有些像小廉的五妹妹。看到她，他就想起小妹妹。她家还有两个哥哥，也是小廉的好朋友。因此，他也经常去她家玩。他妈妈让她叫小廉哥哥，她就大声喊他"多多"。她很乖巧，几次接触后小廉也很喜欢她，因为她太像他家的五妹妹了。听别人说，美丽突然病死了，他怎么也不相信。因为，前一天他还和小女孩在一起玩过。那时，这个小妹妹好好的，没有病啊。但是，当他在那儿看到美丽还睁着那双大眼睛，却躺在草垫上一动不动，而她妈妈在哭着向邻居诉说，她发病的情况。这时，他这才相信，他已失去了这个可爱的邻家小妹妹。原来，小妹妹是吃了一碗剩馒饭后发病的，也是突然腹痛、拉肚子，同时还发高烧。只有一个晚上，还没有来得及外出请医生，这孩子就病死了。

那时的江南农村，也和江北农村一样，没有正规医生，当然更没有疾病预防的专业人员。疾病流行时难以得到控制，只能任其自然发展。看来，这些都是细菌惹的祸。天气太热时，生水和剩馒饭都吃不得。

"病从口入"，生活中还是应该牢记这个道理的。

 相关联接

夏天和早秋季节，天气都比较炎热，也是痢疾等肠道传染病的高发季节。饮食上稍不注意很容易被感染而发病。解放前，人们生活困难，农村里没有医疗和防疫机构，传染病流行时难以得到控制，是当时引起死亡的主要病因。尤其是儿童中毒性痢疾的病死率很高，如得不到及时抢救，很容易导致死亡。解放后，人民卫士事业迅速发展，传染病得到了控制。但是，要完全消灭传染病也是很困难的。因此，注意饮食卫生，尤其在夏、秋季节，对于控制肠道传染病还是很重要的。

夏秋时期气温高，预防疾病要记牢，细菌很小看不见，病从口入把命要。

名字惹的祸

　　已经六周岁多的小廉，整天闲散在家无事可做。看到哥哥和其它孩子天天上学，他很羡慕也萌生了想上学的意念。因此，当哥哥放学后在家读书时，也常常想凑上去看看。爸爸看到他有上学的心愿，就想测试一下他的学习能力。他先问问小廉是否想上学，他回答他说想。又问是否认识一些字，小廉告诉他说:我已认识好多字。随后就说了一些字:"人、手、足、刀、指、女、男、牛、马、羊……"，一口气说了十多个字。又让他心算了几个加减题，也算得正确。爸爸很奇怪地说:"没有教过他，怎么会认识那么多字?"妈妈说:"前年在三爷爷的启蒙班上，三爷爷教了几个字，他一直记着;前些日子在长江边等渡船时，遇到一位老秀才，又教了他一些字。"这一下爸爸也明白了，觉得这孩子是可以上学了。就找了一套小学一年级课本，试着教他。他就像小学生一样认真地跟着学。也就两三个月的时间，就把一年级的课本全学完了。空余时间他还缠着要学哥哥已学完的二年级书本。那时，正是解放战争的后期，国民党统治区已处于经济崩溃边缘，小学老师工资很低。当时的工资维持四个人吃饭还有些困难，若同时供两个孩子读书，还真是有些难。孩子想上学的心思确实给爸爸出了难题。爸爸也想，这孩子已经到了可以上学的时候了，再耽误也确实不好。

　　暑假后期，秋季开学时间来临，爸爸反复考虑后还是决定让他先上学。有一天，学校里一位刚从师范学校毕业教二年级的夏老师到家玩。看到他在看哥哥的书，就奇怪地问，这孩子上学了吗?爸爸说打算新学期就上。夏老师把一年级的课本拿过来让他认，他很快就把课文念给老师听。老师又让他听写，他也写得完全正确。随后，又出了几道算术题让他做，他做得也都对。老师很高兴地说："这个学生我要了，就不要上一年级了，到我那里上二年级吧。"

开学后，爸爸把他带到这位二年级班主任那里报了名。夏老师很喜欢他这个学生，在登记名字时说："廉，这个名字太清贫了，我给你加点钱。"说着就把他的名字从"廉"改为"鎌"。在学校里，他很快就适应了学校生活。上课时专心听讲，做作业也很认真，是班上学习成绩好的学生之一。

1948 年，蒋介石的国民党军队在战场上节节败退。面对严峻的战争形势，蒋介石更加强了他的法西斯统治，疯狂迫害进步人士。那时，国民党统治区特务横行。也就是因为他的名字里有一个"鎌"字，这个字又是夏老师自己改的，当地一些绅士就说这位老师是共产党，并向校长告密。校长知道后感到问题严重，赶紧向这位老师透露了。为了避免国民党特务的迫害，年轻的老师不得不连夜离开了学校。夏老师虽然仅教了我们约两个月的课。但，他是小廉的第一任班主任，他对夏老师深有感情。几十年来，一直忘不了是他领自己进入求学之门的。夏老师，您还好吧。

夏老师走后还有人怀疑校长，因为夏老师是校长招来的，甚而怀疑我父亲，因为夏老师给我改名字时父亲没有反对。当然，父亲只好把孩子这个名字马上改掉。当时县教育部门负责人是一位进步人士，在学期结束后，把校长和我父亲都调离了"蠡蝈小学"。

在一个学期结束后，听说家乡进行了土地改革，我家还分得了土地。妈妈就带着我们又返回了家乡。小廉就在家乡的新学校里接着上学。

 相关联接

解放战争进行到 1948 年时，人民解放军经过辽沈、平津和淮海三大战役，消灭了大批国民党军队。长江以北大部分地区都得到解放，蒋介石的国民党军队败局已定。国民党统治区特务横行，经济处于崩溃边缘。仅仅依靠爸爸的工资，已难以维持生活。这时，江北农村开始进行土地改革，贫苦农民分得土地，生活有了新希望。妈妈就带着孩子们返回了江北农村老家，开始了新的生活。

民国晚期怪事多，学生名字也惹祸，只因名中有"鎌"字，就把老师驱赶走。

同桌佐俊。

佐俊是小廉在"蠹蝈小学"上学时的同桌同学。

"蠹蝈小学"是一所初级小学，有四个年级，四位老师。校长姓秦也是四年级班主任。我父亲是三年级班主任。夏老师是二年级班主任。佐俊已上了一年学，他是从一年级升到二年级的。因此，他已有一年的上学经验。而小廉是直接上二年级的，所以没有上学经验。

在入学报名之前，小廉就听爸爸偶尔说过佐俊。因为他是秦校长的大孩子。从侧面了解到他和小廉同岁，只比小廉大几个月，已上了一年级，人很聪明。夏老师那时是一年级班主任，他是夏老师喜欢的学生之一。夏老师新学年时将升为二年级班主任。他对我父亲说：想让佐俊做小廉的同桌，因为佐俊已上了一年学，对学校生活已知道得较多，这样可让佐俊帮小廉尽快适应学校生活。爸爸当然很高兴，他知道佐俊是一个爱学习的孩子，和他同桌对小廉是很合适的。夏老师也把他的这个想法和秦校长说了，秦校长当然也很支持，因为秦校长也听说小廉是一个爱学习的孩子，一年级课本二个月就学完了。但那时的小廉对佐俊并不了解，因为那时他上学小廉在家，他们没有机会见面。

开学那天，爸爸带孩子去夏老师那里报名，他在那里第一次见到佐俊。他是一个稍胖的男孩子，圆圆的脸上有一对大眼睛，说起话来不快不慢，有点超过他的年龄，听起来像是很有家教的孩子。他对小廉很友好。他说：他很喜欢和小廉做同桌。领完新书后，他拉着小廉的手一起走进二年级教室，找到他们的书桌。他们俩很快就成了好朋友。因为他比小廉大几个月，又已经上过一年学，对于小廉来说，他知道的确实比自己多。他就像哥哥一样帮助小廉。

在教室里坐了一会儿。因为早上喝了稀粥，小廉很快就要上厕所。佐俊说他也想去。他们俩就一起去了。路上，他告诉小廉，上课时是不能上厕所的，所以上课前最好先去一下厕所。还说起了上厕所的规矩。男生只能上男厕所，不能搞错。

和他在一起，小廉很快就知道当学生的一些规矩及学生应遵守的纪律。有时他上课时走神或做小动作，他发现后会及时制止。小廉有不清楚的地方也乐意问他。所以，很快就适应了学校生活。一般，同桌是一对冤家，两人常常会因一些小事而闹矛盾。但在一个学期中，他俩从未发生过不愉快事情。在班上，他俩都是学习好的好学生。然而，在上到这个学期的一半时，夏老师却不知为何突然离开孩子们走了。

记得那是一个下午，上自习课时。我们正在自习，夏老师推开教室门，突然和我们说："同学们，因家中有急事，不能再教你们了，希望你们听新老师的话，好好学习，以后能为国家做事情。"说完后，就含着泪匆匆走了。

后来，小廉才听说，是因为他的名字里有个"镰"字，这个字是夏老师写的，有人怀疑他是共产党。为此，秦校长只好让他尽快离开学校，以防发生意外。

此后，父亲给他改了各字，他和佐俊仍然是好朋友。他们俩因学习认真，也是新老师所喜爱的学生。一个学期结束后，小廉随母亲回到苏北老家，在老家继续上学。自此和佐俊分别，以后再无联系。不过，对这位同桌，几十年来心中仍然难以忘却。

 相关联接

两人分别后，由于名字风波，父亲也被调离。后来，到江阴戴庄小学任校长。戴庄小学也是初级小学。解放后，小廉和哥哥又跟着父亲到戴庄上学。在那里听父亲说，我们走后，秦校长也调离了"蠢蝈小学"。 心想，不知是否和名字风波有关？因为除夏老师是秦校长聘用的外，"佐俊"这的名字的谐音和"左进"（左派进步）相近。想来，那时秦校长也不得安宁。真是"民国时期怪事多"，这大概也可算得上是一件小怪事吧。

　　同桌相处俩无猜，只因名字纠纷怪，相好同学也分开；时光已过七十载，同桌友谊难忘怀。

观音粉的故事

靖江平原中部有一座孤零零的小山，人们叫它孤山。这山原是长江中的一个小岛。后来，小岛周围渐渐地淤积成陆地，形成了靖江平原。在孤山周边，民间有一个关于"观音粉"的故事，这在当地已经流传很久。一次，小廉把没有吃完的稀粞子粥倒掉了，奶奶教育他要珍惜粮食时，曾给讲过一个故事："古代有一次闹水灾，庄稼都被大水淹没了，导致了一场大饥荒。人们早已没有可吃的粮食了。起先还可以找些榆树皮和草根吃，后来连榆树皮、草根也都不好找了。那时候，一碗稀粥就可能救一条命啊!"他问："那后来呢?"奶奶又接着说："后来，饥饿的人们只好向神仙求救。观音菩萨知道后就来到孤山上空。她用净水瓶中插着的杨柳枝，往山的北面点了几下，并告诉人们：山的北部山坡上，有能吃的芦稷面粉可以充饥。人们听说后，纷纷到山的北坡寻找，在山坡上还真的发现了一些红色的嫩石块。用手捻后就粉碎成芦稷面的样子，人们称此粉为'观音粉'。消息传开后，就连住得较远的饥民也纷纷赶到山上寻找，并挖回去当粮食吃，人们终于渡过了饥荒。"民间传说不知从何时开始，但在孤山的北坡确有一些红色的风化的石块。粉碎后的粉末还真的有点像芦稷面粉，但实际上只含一些矿物质，并不能当粮食吃。然而，每到荒年时，仍会有不少人上山挖"观音土"，回家后磨成"观音粉"。

妈妈带着孩子们回到江北老家时，家里的粮食也不多了。前一年的收成本来就不好，何况那时家里也只有一个十一岁的姐姐在种地。当时也没有化肥、农药，完全是靠天吃饭，收成是没有保障的。

尽管妈妈回来后努力计划着用粮，但要渡过春荒还是比较困难。看到村里有不少人家到孤山上去挖"观音土"，妈妈也让姐姐跟着他们一起去挖。她在想：要是这"观音土"真的能吃，那倒是解决了粮食不够吃的大问题。那时姐姐年龄还小，也背不了多少。就挖了一小袋“观音土”回来。找了一家磨坊，把大部分“观音土”磨成了“观音粉”。根据以前人们吃“观音粉”的“经验”，这种“观音粉”是不能单独吃的，必须混在其它粮食中才行。因为，如果单独使用，把它加到水里，搅和后就成了一锅粘粘糊糊的红泥巴汤，根本无法吃下去。为此，妈妈先试着把它拌在稞子面粉里做成稞子粥，吃起来虽然不那么好吃，但也没有什么怪味，还是可以勉强喝下去的。不过，吃了几天后就感到不舒服，腹胀、乏力、排大便很困难。看来，“观音粉”并不能代替粮食，人吃后不但会更没有力气，而且还会发生便秘和腹胀。实际上，吃到肚子里去的“观音粉”，最后还会以原样通过排大便解出。

面对着“春荒”，新成立的人民政府大力宣传，号召人们破除迷信，不要再去挖这种不能吃的“观音土”。同时，又从外地运来救济粮，还从陕西省调来了生长期短的穇子种子，用以生产自救渡饥荒。在人民政府的领导下，终于安然渡过了饥荒。

最后，妈妈把留下没有用的几块“观音土”，当作裁剪衣服时划线的粉笔用。那些不能吃的“观音粉”只好扔到地里去了。

相关联接

“观音粉”的故事，在当地流传已久。这种风化的石粉，当然是不能当粮食吃的，因为它根本不能给人提供只有粮食才能提供的营养。相反地还增加了胃肠负担，并导致便秘、腹胀等副作用。当人们明白了这个道理以后，也就再也没有人去挖“观音土”了。这个传说也就渐渐地被人们遗忘了。

美丽传说观音土，灾年作粮任人取，其实只是风化石，不解饥饿反胀肚；政府调来救济粮，领导人民渡饥荒。

损伤

　　童年期间，在成长过程中，人往往会受到一些意外损伤。吃一堑长一智，当时的疼痛，也带来一些永久的记忆。以后就能癖免同样情况下的再次损伤，也就是说得到了经验。笔者在童年时期也经历过几次，现在回想起来也觉得有趣。

　　（1）踩水坑　刚学会走路不久，在哥哥的带领下出门玩耍。那天，妈妈把一双姐姐已穿不了的绣花鞋给爱美的我穿着。看着鞋面上漂亮的花儿，心里美极了。因为不久前下过雨，外面地上还有些湿，路的低洼处还有一些水坑。不懂事的我，看着水坑里的水像镜面一样平，而且还映出天上云彩。就很新奇想过去踩一下那云彩的倒影，哥哥说不能踩水坑。可我一脚就踩下去，脚一滑就摔倒在路上的一石块上。那时手被摔得很疼，还碰伤了皮肤。从地上爬去起来一看，脚上的漂亮鞋子糊满了泥土，鞋里面也灌足了水，脚感到很冷。我一下子什么兴趣也没啦，只吓得哇哇大哭。哥哥一见我摔倒，知道我闯祸了，还弄伤自己。只好带着我回家。妈妈见我一身湿泥的不停地哭，就问哥哥是怎么回事？不看好弟弟，让我搞的像一只泥猴。哥哥说我不听话，故意去踩水坑摔倒的。妈妈没有责怪我们，连忙帮我脱去湿衣服和糊满泥土的鞋子。帮我洗净手上皮肤，看到皮肤稍有碰伤，虽有些破但仅有些渗血。给抹了些香灰，也就没有包扎。妈妈说我太不省心了，那水坑是不能踩的。还说：这鞋，你姐姐穿了几年，鞋子还像新的。看你这样子，这鞋还是留着以后给你妹妹穿吧。踩一脚水坑不但弄痛了手，一双那么漂亮的鞋子也没有了。后来出外，遇到水坑，就赶快绕着走，再也没有去踩它了。

　　（2）长角了　躲猫猫是孩子们都喜欢玩的游戏。童年时候，我们这些年龄相近的孩子也经常玩。一次轮到我躲，伙伴们找。在房子里，我看来看去没地方能躲。突然，发现黑虎（弄子里唯一的一只黑狗）在饭桌下不知做什么。就想，躲到饭桌下面好，伙伴们肯定不会找到的。说着就钻到桌子下面，见黑虎正忙着啃食一块骨头，摸摸它的头，它停了一下又忙着啃骨头。这时小伙伴们进屋，找了一会没发现，就离开了。我正在准备要爬出桌子，听到妈妈在喊"三丫头，伯母送来一碗鱼，快过来吃鱼。"伯父是打鱼能手，每次打到大鱼做好后都会送一碗给我家。他知道我最爱吃鱼。听到妈妈在喊我吃鱼，我忘了还在桌子下面，很着急地站起身。"咚"的一声，头就撞到了桌子，痛得眼冒金星。只好低下身慢慢往外爬，姐姐在房子里也听到撞头的响声，问"你在桌子下做什么？""我撞头了！"姐姐又问"那狗头痛不痛？"我摸了一下狗头，问"头痛不痛？"那狗"唔"了一声，又忙着啃牠的骨头。我忙应了一声"狗头不痛，我头痛。"就爬出桌子。姐姐看了一下，见到我头上起了一个大包，就说"你长角了，要不要给你揉揉？"妈妈听说我头上撞出包。就对姐姐说："不能揉，快把洗脸毛巾用凉水打湿，再敷到包上。"就这样，头上敷着湿毛巾。把鱼吃完后，又换了几次湿毛巾，慢慢地头就不痛了，包也没有变大。

（3）剁猪草　放学了，回家刚放下书包，妈妈说："三丫头，猪草还没剁，你把猪草剁好，等会儿我来烧猪食。"妈妈很忙，没有时间剁猪草，这时只有我能帮着剁猪草了。不过，今天老师布置的家庭作业也很多，我必须快些把猪草剁好，再来做家庭作业。就这样，拿起菜刀坐下来开始剁猪草。没多久一盆猪草很快就要剁好了。只剩下不多的猪草还有点粗。心里盘算着做作业的事，一不小心菜刀就剁到手指上，顿时手指上出现一个伤口，鲜血从伤口冒了出来。连忙喊："妈，我把手弄破了"。妈妈赶忙走来帮我捏着手指，然后用茶壶里的凉开水冲洗了伤口，又取了一些比较新的香灰撒在伤口。过不多久，伤口已不再出血了，找了块白布把手指包好。所幸伤口没感染，慢慢地，也就痊愈了，不过还是留下一个疤痕。

包好伤口后，妈妈心疼地对我说："三丫头，你也大一些了，以后做事情不要太毛糙。"我乘着妈妈说我长大的话，就对她说："我现在已是一个学生了，同学要是听到叫我'三丫头'多不好。"妈妈笑着说："好，以后就不再喊你'三丫头'。其实，当时只是城隍菩萨给你奶奶托了一个梦。你小时候多灾多难，怕你长不大，才按梦里菩萨的意思叫的，是想让菩萨保佑你顺利成长。现在，你也长大一些了，那庙也早被日本飞机炸掉了，以后就喊你三儿或老三，好吧？"后来，妈妈真的不再喊我"三丫头"了。

 相关联接

　　童年时期是人生最脆弱阶段。很容易受到一些意想不到的伤害。这时期的对外界环境，有一个认识过程，对于所遇到的风险，往往缺乏正确的判断能力。因此，需要对幼小孩子日常生活多一点耐心的监护，防止孩子受到伤害。在现代生活中，尤其应注意水、电、火等问题。在高层楼房，还应注意门、窗安全问题。众所周知，现在我们是经常见到一些媒体报道，诸如孩子掉井、被困阳台、溺水死亡等事件，及在车流频繁公路上乱跑等引起的安全事件。安全教育从幼小儿童就应进行。

　　童年时期易好奇，遇到风险不知避，易受伤害是常事，安全教育很重要，防止伤害事非小。

　　，

49

军民一家亲

1949 年 4 月，人民解放军已解放了长江以北广大地区。溃败的国民党军队不得不逃往江南，但他们还梦想依靠长江天堑进行顽抗，要搞所谓的划江而治。为了彻底推翻蒋介石的反动统治，人民解放军的百万大军正在准备进行渡江作战。各村、镇的墙壁上到处写着:"打过长江去，解放全中国"，"将革命进行到底"等大标语。在靖江农村，大批解放军战士从北方开过来了。胜利

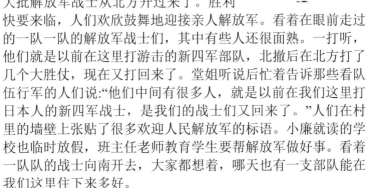

快要来临，人们欢欣鼓舞地迎接亲人解放军。看着在眼前走过的一队一队的解放军战士们，其中有些人还很面熟。一打听，他们就是以前在这里打游击的新四军部队，北撤后在北方打了几个大胜仗，现在又打回来了。堂姐听说后忙着告诉那些看队伍行军的人们说:"他们中间有很多人，就是以前在我们这里打日本人的新四军战士，是我们的战士们又回来了。"人们在村里的墙壁上张贴了很多欢迎人民解放军的标语。小廉就读的学校也临时放假，班主任老师教育学生要帮解放军做好事。看着一队队的战士向南开去，大家都想着，哪天也有一支部队能在我们这里住下来多好。

一天早上，村长通知各家各户准备迎接解放军战士。谁家住多少人由村长安排。春天天气还是有些冷，为了能让战士们住得尽可能舒服一些，妈妈把家里最大的房子腾了出来，并铺上厚厚的稻草。然后就到部队首长那儿接战士们。村长安排了一个班的战士跟着妈妈回来，把通铺挤得满满的。战士们放下行李后，就立即把屋里屋外打扫得干干净净，把水缸也挑得满满的。做完这些事后，才开始整理他们自己的东西。战士们的

时间安排的很紧凑，一切活动听军号声进行。军事训练是他们的主要功课。由于频繁的训练，衣服很容易被磨破。开头他们找房东借些针线自己缝。小廉和他的小伙伴们也经常帮他们去借针线。后来，人们发现他们缝的不好看。因此，看到他们的衣服破了，就抢过去帮他们缝补，然后再送回去。训练时，他们经常要爬在地上，衣服也特别容易弄脏，而他们的时间安排又很紧张，没有时间清洗自己的衣服。我们这帮孩子，就帮着收集脏衣服，然后拿给妈妈和姐姐们帮助清洗，晒干后再送还给战士们。

当时正是处于春荒时期，我家也一样生活很困难。战士们看到小弟弟身体很虚弱，就在每次开饭时先给小弟弟盛出一碗，然后他们再开饭。妈妈看到后就告诉他们不要这样做，因为他们搞训练也很辛苦。但班长说："我们一人少吃一口，就够小弟弟的了。"有时，看到小弟弟很饿的样子，他们就先给小弟弟喂饭。他们一直坚持这样做，直到离开我家。离开的那天早上，战士们把稻草都收拾得很整齐，把屋内、外都打扫得干干净净，又把水缸也挑满了。妈妈非常感激地说了句："多好的兵啊!"短短的几天里，大家就像一家人那样亲密无间。

在这次支前活动中，小廉还得到了学校的表扬，并获得一个纪念本作为奖励。

 相关联接

无论是抗日战争还是解放战争期间，人民子弟兵和人民群众之间的关系都十分亲密。军民之间互相帮助是人民军队的光荣传统。正是依靠这种关系，我们才能战胜日本帝国主义，取得抗日战争的伟大胜利。也才能在蒋介石发动内战时，迅速打败他的国民党军队，取得中国革命的最后胜利。

人民热爱子弟兵，军队打仗为人民，军民关系十分亲，军爱民来民拥军。

闹蛇风波

靖江平原是一个水乡地区，气候温和湿润，适于蛇类生存。在这里，蛇是人们常见的野生动物。河岸、田野、荒地、坟场甚至在年久的古老房屋周围的地面，常可见到大小不一的洞穴。夏秋时节，经常可以见到蛇类出入于这些洞中。常有人在河边小洞抓螃蟹或黄鳝时遇到了洞里的蛇。在临近河边或竹园的屋内，有时蛇还可通过墙基的小洞进入室内。这时在屋里就可见到蛇的出入。由于旧屋内往往有较多的家鼠及野鼠，有一些蛇会经常光顾，它们甚至会藏在屋内一些光线暗淡之处，以伺机捕捉这些鼠类。这些蛇一般不会主动攻击人，见到房主人时，常会主动钻入洞中逃走。所以在室内很少有蛇伤人的事件发生。最爱进屋的是一种称为"时曼蛇"的无毒蛇。尽管如此，晚上入睡前，人们常会用灯照照床，以防受到蛇的危害。

对于家中出现的蛇，老一辈的人是不主张打的。奶奶就常跟我们讲："这些家蛇和野蛇不一样，它们会抓老鼠，人不攻击它，它不会伤害人的。"她还讲了一个蛇的故事，说的是古代有一位善良的蛇仙，经常化为人形行医救人，后来还和一个书生结为夫妻。奶奶认为，家蛇有时是祖先的使者，因此不能伤害在家里出现的蛇。有一次，在卧室里妈妈看到了一条蛇，这蛇见到人后就钻到床下面去了，妈妈和奶奶急忙找了香炉放在床前点燃了 3 支香，又低声说了一些话。不久就听到床下一阵嗖嗖声，这蛇就从床后的一个洞穴里爬走了。她们都以为是向祖先许的愿显灵了，是祖先把那条蛇弄走的。后来，小廉跟着妈妈到祖坟处还愿时，看到坟的周围果然有好几个小洞。妈妈说这是蛇进出坟的洞。那时，一般人家都不愿意，也不敢把这类小洞堵塞。蛇的传说多种多样，当然也不乏毒蛇伤人的事。所以，我们这些孩子对蛇还是很害怕的。因为谁都不想被毒蛇咬一口，那可是会要命的事。

初夏的一天下午，小廉放学后准备外出打猪草。当他到厨房拿镰刀和篮子时，发现厨房的房梁上，出现了一条小蛇，它见到小廉后就快速逃走了。因为以前屋内也出现过家蛇，既然它自己走了也就没有再管它。大约半个多月后的一天傍晚，这条小蛇又出现在厨房的房檐处。奶奶说不要惊动它，它还小让它自己走。还说她前些时候见它吃了一个小老鼠。后来小蛇沿着房檐爬走了。妈妈说：小蛇的窝可能在厨房旁边的竹园里，因为离厨房近，厨房里又常有鼠类活动，所以把它引来了。她要大家进厨房都要小心些，不要与蛇正面冲突。因为如果把小蛇打死，有可能会引起大蛇来报复的。

尽管大家都无意伤害小蛇，但意外还是发生了。一天傍晚，天色已渐渐暗了，小廉正在灶膛前帮妈妈烧火煮晚饭。也许是他把火烧得太旺的原因，锅里的稀粥很快就开了锅，粥汤就从锅盖处溢了出来。妈妈急忙揭开锅盖，打算再往锅里加一些菜。这时一股热气从锅里向上直冲屋顶。说时迟那时快，突然从房梁上直向粥锅里掉下一个东西，它在粥锅里扭了一下就不动了。这一下妈妈也给吓了一跳。急忙拿来油灯，就着暗淡的灯光，看到一条小蛇，张着嘴浮在稀粥里。屋顶上传来了几声吱吱的鼠叫声，这可怜的小蛇原来是在房梁上追捕老鼠，不幸遇到突然而来的热蒸汽袭击，从而掉落入沸腾的锅里被烫死了。妈妈说了声："太可怜了。"就用锅勺把它捞出，放到水里洗去它身上的粥汤。随后，又拿了一块布把它包好后，跑到房后的竹园里，挖了一个小坑埋了，还在那里点了一支香。为了防止再发生类似情况，妈妈把房子外面的几个洞穴也都填掉了。后来，家里再未出现过蛇。

 相关联接

过去农村的旧屋里闹蛇是很常见的事。因为那时的房屋质地比较差，墙壁多为土块所砌，房顶除房梁外也多铺的是草。所以，除家鼠外，野鼠也很容易打洞进家。鼠是蛇喜欢吃的小动物，尽管蛇不会打洞，但它可通过鼠洞进入房屋里捕鼠。因此，防蛇先要灭鼠，并堵塞房屋周围的鼠洞。现在的房屋都是用砖、水泥等建成，鼠类也难以打洞，故很少发生蛇进屋的事情。

　　古旧房屋墙多洞，房里屋外洞连通，鼠蛇入室常可见，野蛇那能是祖宗，安全第一堵墙洞，闹蛇风波自然终。

筹款盖房

家里发生闹蛇事件后，妈妈心里也想着:这房子确实太破旧了，是应该好好地修理一下。幸亏那时还没有毒蛇进家，否则真被毒蛇伤了人，那就太可怕了。她又想到:孩子们在渐渐长大，，家里人口又多，当时的三间旧房也实在难以适应一个七口之家的居住。为了解决住房困难问题，她和爸爸商量，准备把前几年为了防备国民党军队驻扎而拆除的旧屋再重新盖起来，同时把现有的旧屋也修理一下。由于那时是有准备拆房的，所拆下的砖、瓦和木料还都可以再利用。这样盖房子的时候，只是需要花一些人工和吃饭的费用了。如若计划得好，基本上还可以再盖成原先的五间房。这样的话，对于一个七口之家也就够用了。当然，人工费用和请人盖房时吃饭的开支，可也是一笔不少的钱。那时还刚刚解放，教师的工资收入很低。而种地的收入也只能维持家里人的吃饭问题。因此，家里经济情况还是很紧张的，一时拿不出多少钱来作为盖房的费用。

怎么解决盖房所需的经费呢?一时也没有想到好办法。有人提议找政府谈谈，因为当时拆房是那时的民主政府提出来的。但是妈妈不同意，她想眼前还刚刚解放，新成立的人民政府也不可能有多少钱，何必去给政府添麻烦呐。还是自己家想办法要实际一些。在那个时候，当地民间有一种称为"做会"的筹款方式。那就是，需要用钱的人家，可以找一些有可能借出钱的亲戚、朋友在一起聚会。在聚会上约定需要借用的钱数额。借到后每年由借钱人家返还一部分，直到全部还清为止。这种"做会"分为"饱会"和"饿会"两种方式。其中的"饱会"是每年聚会一次，由用钱人家招待一餐。在吃饭的时候，把当年该还的钱还给出钱的人;而"饿会"则不吃聚会餐，但要加一些利息。父母找了几家过去来往较多的亲戚和朋友，大家商量后认为，还是做一个"饱会"比较好。大家每年可以在一起见见面，有什么困难还可以帮着想想办法。就这样解决了盖房所需的经费问题。

借到钱后，当年秋天就开始动工盖房。那时候爸爸还在江南教书，小廉和哥哥也在爸爸教书的学校里读书。因为我们兄弟两人年龄还小，也帮不上什么忙，就没有回家。但按当地的习惯，在盖房子上大梁时，当家的人应该在现场。因此，爸爸是一定要参加上大梁仪式的。可是，他又不能耽误给学生们上课。经过商量，就把上大梁的时间确定在一个星期天。这样，爸爸可以在星期六下午讲完课后回家，星期天在上完大梁后再赶回学校。由于那时交通还不是很方便的，那个星期天晚上，爸爸回到学校时天已很黑了。他带回了两块上大梁时用过的熟猪肉，分给了我们两个孩子。也许是因为很久没有吃到肉的缘故，我们接到肉后，也不管它还是凉的，几口就吃掉了。

因为盖房没有添加多少材料，几个月后房子就盖好了。在以后的好几年里，每到秋天，不管当年地里的收成如何，妈妈都会准备一桌很丰盛的饭菜。请那些曾经借钱帮助盖房的亲戚和朋友们来会餐。吃完饭后，把应归还的钱给他们送上并表示感谢。

这种聚会一直持续到1954年，全部还清所借的钱为止。

 相关联接

"做会"这种民间借钱的方式，在当时的农村里还是有一定用处的。因为，那时还没有现代的银行系统，农民要用钱是不可能找银行贷款的。如果确实急着需要用钱的话，也只有靠亲戚和朋友之间的相互帮助，才能解决这个困难。后来，随着银行系统的建立，这种民间的借钱方式已退出历史舞台。

战后房破不够住，翻盖新房经费无，亲友"做会"集资金，亲戚朋友来相助。

特殊教室

小廉上学的大觉镇小学，是长安区里的中心小学之一，也是一所历史较长的老学校。但是，因为多年的战争，学校的基本建设长期停顿，所以教室也就显得有些破旧。解放了，很多人家都想让孩子上学。上三年级的时候，由于上学的孩子较多，学校里就连破旧的教室也不够用了。那时又是刚解放不久，学校里也没有多少资金，难以马上解决缺乏教室的问题。学校领导只好到民间寻找可用作教室的房子。

但是，也因为是刚解放还没有多久，老百姓的房子也都因长期战争而破旧不堪。一般人家自己居住都不够，那有空余的房子能拿来出租呢。找了一段时间，确实难以找到可充当教室用的好房子。可是，学生们还等着要上课呐。学校领导也实在没有什么办法。最后，在学校附近找到了一间正闲着的旧猪圈，那猪圈的主人同意出租。我们这一班二十多个孩子，也就只能被安置在这间猪圈里上课了。

开学的第一天，我们高高兴兴地背着书包到学校报到。这时，学校才刚刚和猪圈的主人家谈好。那家出租猪圈的人家，原先并没有做好出租的准备工作。他的猪刚卖出，猪圈还没有来得及清理，可是已经到了开学的时候了。学生们都已经报到，就等着进教室上课了。实在没有办法，老师只好让我们先回家，第二天带着打扫卫生的工具到学校来，说是先要劳动两天再上课。

第二天一早，我们这些小学生就带着扫帚、耙子、抹布、小水桶，陆续来到学校，准备参加劳动。到了快上课的时候，学生们终于到齐了。在班主任老师的带领下，我们排着队走出校门来到街道里的一家民房里。准备作为教室的猪圈就在他家房子的后面。当房主带领大家进入后面的猪圈时，我们这才看清这个"新教室"原来只是一个普通的猪圈。稍有不同的是这个猪圈的墙壁很结实，是由石块砌成的，地面上还铺着长条石，便于用水冲洗(这种猪圈在当地称为"凉圈"，指猪的粪便可用水冲去的猪圈)。现在虽然猪已没有了，但猪圈所特有的气味还在。猪圈墙壁的上半部有一扇通气用的窗户。打开窗户和门后，光线还是可以的。但关上门后则显得有些暗。正常情况下，这间房子要是作为上课用的教室，显然是不合格的。但是，在那个时候，也没有其它房子可用了。

在老师带领下，我们也都行动起来了。大家先用耙子把猪圈里的杂物给清理出去，接着用水桶到河沟里打来水，冲洗地面的石板，再用扫帚清扫石板和墙壁……。经过大家反复打扫后，房子里原有的那种令人不愉快的气味就没有了。因为书桌不够用，学校临时找了一些很长的木板，用一些砖块把木板架起来就成为一些简易的"长桌"。在靠门口的地方挂上一块小黑板，也就有点像教室了。因为学校里没有凳子，老师又让我们从家里自带小凳。在全班师生的努力下，只用了一天时间就把"新教室"清理好了。

随后，我们就在这简陋的"特殊教室"里，开始了新学期的学习生活。

 相关联接

过去，公立小学教室不够时也常借用一些民间的祠堂、庙宇作教室。但用猪圈作为教室还是很少见的。不过在当时的条件下，也是一个没有办法的办法了。后来，有些家长反映到上级领导那里，上级批了一些资金给学校。得到了资金后，学校盖了一些新教室。这间特殊的"猪圈教室"，也就渐渐地被人们遗忘了。不过，我和我的同学们，大概是怎么也不可能忘记这间"特除教室"的。战后学校多破旧，合格教室哪里有，特除教室虽不雅，能够上课心无忧。

养猪轶事

解放后的农村，农民们有了自己的土地，也就有了能过上好日子的希望。但是，要过好日子首先要靠自己。如果地种不好，也就不可能过上好日子。从江南回来后，妈妈就想着怎么把自家分得的土地种好。种地最要紧的是肥料问题。俗话说得好"庄稼一支花，全靠肥当家"。没有肥料地是种不好的。那时的农村里，除了农家肥就没有化学肥料可用。猪是农家的宝贝。农民家庭养猪除了考虑经济收入外，另一个重要问题，就是解决种庄稼所需的肥料。妈妈想了好久，最后下决心要用养猪的办法来解决肥料不足的困难。

以前，家里也养过猪。用过的猪圈，已有一年多没有养猪了。稍作整理后这旧猪圈还是可以用上的。这时，同村一户人家有一窝小猪仔已到出卖的时候，妈妈知道后连忙到他家去看小猪。见到老母猪带了一群活泼可爱的小猪仔，就挑选了一头抱了回来。随后，就把它放到事先准备好的稻草窝里。谁知道小家伙还有些认生，马上在猪圈里跑来跑去的很不安分。妈妈想到可能是小猪饿了想找点吃的东西。于是，就用一些人吃的元麦面粉煮成面糊状，再稍加一些盐，放凉后给它吃。小猪看到有好吃的，就跑到食槽前低头吃了起来。吃饱后就跑到稻草窝里安静地睡了一会儿。但不久，它又叫了起来，还在猪圈里跑来跑去。妈妈说："它可能是想它的妈妈了。"妈妈知道：如果出卖前，小猪没有和母猪完全分开的话，刚买回的小猪都是这样，过一段时间它适应了就会好的。又想到猪的习性是喜欢睡觉。门和窗都开着光线太亮，不利于猪睡觉。就关好门、窗使猪圈光线暗一些。没多久，小家伙就爬在草窝里睡着了。几天以后，小猪慢慢地适应了新环境。每天吃完后就睡觉，过起了猪的正常生活。为了让猪既长得快又能提供较多肥料，妈妈买了好多豆饼(大豆榨油后的残渣压制成圆饼状，其蛋白质成分完全未损失)，掺入到青饲料中。同时，把猪食调好后煮熟了再给它吃。根据妈妈的养猪经验，猪吃熟食不但进食量增大，排出的粪便也较多，而且长得也快。这样做既缩短喂养时间，还可以满足农田里庄稼用肥料的需求。

经过一段时间，猪转入了有规律的常态化生活。它长得也比较快，吃的饲料量也愈来愈多。打猪草和剁猪草的工作量也大为增加。因为妈妈和姐姐还要忙地里的农活，我和哥哥只好把打猪草和剁猪草的任务承担起来。

上世纪五十年代，靖江农村几乎家家都养猪。农村的孩子从小就和猪打交道。那时候，小学生每天放学后的第一件事并不是做作业，而是挎上篮子先打些猪草回来，再把猪草洗净后剁碎。因此，小学虽然放学较早，但打一篮子猪草回家，直到煮熟"猪食"并喂给猪吃时，天也快要黑了。随着猪的长大，它的食量还在不断增大。忙碌之中，有好几次小廉割草时把手割破了，竟留下了永久的疤痕。

小廉和哥哥的课外作业，也就只能利用晚饭后的时间了。

 相关联接

过去，农民为了得到种地所需的农家肥料，只好自己养猪积肥。养一头猪相当于一个小化肥厂，它所产生的排泄物就是最好的农家肥料。因此，那时所生产的粮食和蔬菜都是无化学污染的绿色食物。后来，随着化学肥料的推广，农家肥料渐渐被化学肥料所取代，农民养猪的积极性也就不如以前了。但是，化学肥料的应用易破坏土壤结构，影响农业生产的可持续发展。相反，应用农家肥料则可增加土壤的有机质成分，有利于保持地力。因此，为使农业生产能得到可持续发展，适当应用农家肥料还是值得提倡的。

猪是农民家中宝，种地用钱向它要，猪粪种地好肥料，育肥卖钱供开销。

忙假

春末夏初时刻，地里的麦子开始变成金黄色了。一年一度的夏收、夏种大忙季节即将来临。那时候，农业生产都是靠体力劳动，且劳动强度较大。农村小学的师生们基本上是住在当地的人。因此，一到农忙时刻，人们就会想到自己家地里的农活。因为麦子成熟的速度很快，已经成熟的麦子如不及时收割，就会散落在地里。所以，必须以较快的速度把麦子收割回来。这样，每到农忙时刻，学校都会放两周时间的"忙假"，让老师和学生们都回家帮助家里抢收。这时候，包括学校的老师和学生们在内，农村的全部力量都会投入到夏收大忙工作中。在学校开始放"忙假"的前一天，班主任老师就在班上给同学们动员了，要求大家在"忙假"期间要好好帮家里做些力所能及的农活，但也要注意个人安全。因为是全县统一时间放假，爸爸也同时回到家中参加自家的夏收。

收麦子是农忙中主要的也是最繁重的工作。麦子约近全年口粮的一半，所以全家人对收麦子都很重视。五亩多的麦地大致分两类：约一半是套种了芋头、棉花或其它农作物的，这部分麦子如果用镰刀割，则很容易损伤小苗，所以收麦时只能用手来拔；另一半没有套种的那部分是可以用镰刀来割麦子的。家里除了妈妈和大姐对种地熟悉外，爸爸平时很少下地干活，无论是用手拔还是用镰刀割麦还都比不上妈妈。奶奶是一个小脚老太太，没法下地干活，只能在家做饭或烧开水。哥哥年龄也不大，没力气来用手拔麦，割麦子又怕割伤了手脚，只能帮着把已经拔或割下的麦秆收集整齐，再抱到地里的临时打麦场。或者帮着给地里干活的人送送饭和开水。小廉的工作则大部分是在家里帮奶奶烧火做饭，以及照顾小弟弟和小妹妹。收麦子大体上用了一周多时间，最后的两天是拾遗漏在地里的零散麦穗。这些麦穗东一个西一个的散落在地里，成年人拾起来很不方便。为了做到颗粒归仓减少粮食损失，还是应该拾回来的。小廉和哥哥两人个子矮，且手脚灵活，很适于拾那些散落在地里的麦穗。两人就承担了这项工作。

麦子收完后，紧接着则是繁忙的夏种和田间管理……。十多天的时间很快就过去了，大忙也已接近尾声。小廉在地里拾麦穗时注意到芋头长得不好，就问姐姐是什么原因。姐姐告诉他："芋头是套种在麦子地里的，麦子长势好时把营养夺取过多，芋头当然就缺乏营养。这两天我们就抓紧时间给芋头施肥，给它们增加营养。"随后，一家人就忙着清理猪圈、羊圈和鸡窝，并把清理出来的动物粪便等挑到地里作为肥料用。在忙假的最后一天，妈妈宣布大家要突击一天，给芋头地施肥。爸爸、妈妈、姐姐、哥哥及小廉全都出动。施肥的工作是先在芋头苗旁挖一个小坑，把肥料放到小坑里，再把小坑用土盖上并压实。这活儿说起来容易，但做起来却也累人。小廉干了没多久就感到累了。但看到其他人都在很卖力的干着，想到明天就要上学了，鼓鼓劲又继续干了起来。

时间过得真快，两个星期的"忙假"很快就结束了。学校又按时开学，学生们重新回到教室里继续上课。在班级总结会上，小廉感到虽然很累，但学会了一些农活，收获还是挺大的。

 相关联接

在农村，"忙假"是夏收大忙季节时农村学校为配合农忙抢收所放的假期。对于减轻农家负担有一定作用。此外，对于从小培养孩子的劳动习惯和劳动能力也有一定意义。后来，随着农业生产发展，特别是农业机械广泛使用，农村劳动力得到较大程度解放，"忙假"也就渐渐中止而被人们遗忘。

夏收时节放忙假，师生全都农田下，农田劳动虽然累，劳动教育收获大。

夜空中的萤火虫

萤火虫，江苏农村夏季常见的一种夜间活动的昆虫。虫体细长而扁平，呈黄褐色，体长不足 1 厘米。背部甲壳下有双翅，腹部末端有白色发光器，黑夜时能随着呼吸发出闪闪荧光。雄性萤火虫在夏季夜间常成群飞舞于夜空，荧光闪烁很是美丽。

在暑夜乘凉时，孩子们常常三五成群地捕捉萤火虫。这种小飞虫虽然能飞，但速度并不快，而且也不灵活，用小蒲扇很容易把它们打落。然后，把它们放入玻璃瓶或小灯笼里，就成了一个能发出闪闪荧光的玩具灯。有时，手巧的孩子也会折一些空心的纸玩具如纸兔子，把萤火虫放入其腹中，就成了一只发亮的小纸兔子，用来逗小弟弟、小妹妹们也很受欢迎。养蚕的人家，有时会把萤火虫放入蚕茧内并穿上线，或把几个蚕茧穿成一串。由于萤火虫发出的荧光是冷光，不会引燃纸和蚕茧，因此是很安全的。所以萤火虫深受孩子们喜爱。

暑假期间虽然不用上学，但还有暑假作业要做。不过照顾小弟弟也是小廉不可推卸的责任。天快要黑了，妈妈忙着做晚饭，小弟弟在旁边吵着，妈妈对正在写作业的小廉喊道:"三儿，带你弟弟去玩一会儿吧，我要做晚饭呐。"他只好走过去带上弟弟说:"走，我们到外面去找萤火虫，这些虫虫们一会儿就会出来的。"边说边哼着小调:"萤火虫，入夜来，小肚皮，带灯笼;出草丛，舞夜空，飞到西，飞到东，点点荧光照夜空，……，啊，一不小心就飞到宝宝的耳朵中。"本来还不愿意离开妈妈的小弟弟，这时也就高高兴兴地和他一起出去玩了。兄弟俩在门前玩了一会儿，天就慢慢地黑了。这时，门外的草丛里还真的飞出了一只萤火虫。小弟弟一下高兴地喊道:"哥，萤火虫!"……。

晚饭后， 小弟弟依偎在妈妈怀瑞安静地睡着了。小廉和几个小伙伴正在兴致勃勃地听邻家大伯讲故事。黑夜中，成群的萤火虫亮着点点荧光在小河边、田野、庭院草丛间上下飞舞，这些自带灯笼的空中舞者，正忙着寻找心仪的伴侣。再看天空，密集的星星在闪耀着，天上、地面、星光、荧光相映，真是别有风味。调皮的孩子们早已拿着扇子追着拍打飞舞的萤火虫。小廉突然想起爸爸曾讲过的一个故事。说的是古代有一个好学的少年人，因家里贫穷，用不起油灯。他就捉了好多萤火虫，用这些萤火虫发出的荧光来读书。由于他刻苦读书，后来成为一个有学问的人。小廉想：古人能用萤火虫的荧光来读书，萤火虫也能使玩具灯发亮，是否真可以用萤火虫来学习呢？因为晚上用油灯学习太费钱，如果真的能用萤火虫来读书，那晚上不点灯也可以学习了。想到这里，他就一个人回家，找了一个纸盒，拿起扇子也加入到捕捉萤火虫的行列中。没多久，就捉到了十多个萤火虫，他高高兴兴地把它们拿回家，放入蚊帐内。果然，原本漆黑的蚊帐内，一下子就有了朦胧的亮光。他拿起书试着看，但是却无法看清楚书中的文字。想到可能是它们太分散了，光线集中不起来所以亮度不够。于是，把这些萤火虫都放到一个油灯的玻璃罩里，但还是无法用来看书。一会儿，罩里的萤火虫渐渐地不怎么活动了，所发出的荧光也逐渐变弱。显然，用这种萤火虫的荧光是无法学习的，就把它们放飞了。重获自由的小虫们，稍微停留后就相继飞入夜空，回到本来属于它们的空间，自由地飞舞着。

　　他虽然有些失望，但也明白了这个自古流传的故事原来并非如此，心里也很高兴。

 相关联接

　　用萤火虫微弱的荧光读书的故事，仅是一个激励贫困的年轻人坚持学习的励志故事。实际上，并不是作为一种方法来推荐的。萤火虫微弱的荧光虽然能提供有限的光线，但并不足以用来阅读现代书本。在建国初期的农村，晚上还处于用"洋油灯"和豆油灯照明的时期。一般人家只是在睡前短暂的点一会儿灯。那时，用电灯只是当时对社会主义社会的想象(楼上楼下，电灯电话，皮鞋咯咯，……)。现在，农村家家户户用电灯，已无需为晚上照明担忧。

夏夜空中萤火虫，点点荧光照夜空，荧光读书不可学，星光萤光风味浓。

56

母猪产仔纪

刚刚过了中秋节，老母猪的肚子就越来越大，走起路来都快要挨着地面了。妈妈说，母猪快要产仔了，这几天要多看着点。随后，妈妈在给母猪喂食时还在猪食里增加了粮食比例，说是要给它增加营养，以使它生小猪后能有较多的奶水。由于已过了中秋节，天气也渐渐变凉。夏天的"凉圈"对于要生猪仔的老母猪和小猪仔都已不合适了。她给老母猪的猪圈里加了些稻草和干土，把猪圈改成了"热圈"。对于临产的母猪来说，这个准备工作是很重要的。一方面可防止母猪着凉生病，也对以后产下的猪仔起到一定程度的保护作用。同时，还准备了一个大竹篮子，里面铺了厚厚一层柔软的稻草叶。妈妈说："刚出生的小猪仔的皮很嫩。草杆很硬，会扎伤小猪仔的皮肤，必须把它除去。"随后，她又磨了一些黄豆粉，用来给母猪和出生后的小猪仔增加营养。准备工作完成后，就等着猪妈妈产仔了。

一天早上，怀胎的老母猪在猪圈里显得躁动不安，还不时地哼叫着。妈妈听到后赶忙走了过去，正好看到了第一头小猪仔已快要产出，就连忙跨进猪圈里帮着接生。这时，姐姐也赶了过来当帮手。很快地，这头小猪仔就在妈妈和姐姐的帮助下顺利降生了。小猪仔产出后要立即把它身上的胎包膜除去，接着再把它的小猪嘴掰开，清除掉它嘴里的粘液，然后把它轻轻地放入竹篮的稻草窝里(如果冬天则要盖上棉絮以保温)。这次母猪产仔比较顺利，先后生了十二个小猪仔，每个小猪仔看起来都很健康。生完小猪仔的猪妈妈显得很累，它很快就躺在猪圈里睡着了。这时妈妈和姐姐忙着把小猪仔们一个一个地拿到母猪身旁，用手掰开小猪仔的嘴，再把母猪的乳头塞进小猪仔的嘴里。也许是由于本能反应，小猪仔们竟然自己吸起奶来。看到猪仔都能自己吃奶，妈妈和姐姐这才跨出猪圈，回到厨房准备给母猪做一顿营养丰富的猪食。妈妈说："现在这个时候很要紧，母猪必须吃好，因为它有这么多小猪仔要喂奶，如果营养跟不上猪仔们可就长不好。"一连好几天妈妈和姐姐轮流守候在猪圈旁。每天要给老母猪喂四次食，尽管秋季有较多能用于喂猪的红薯藤和芋荷(芋头收获后的茎和叶)，但小廉打猪草的任务仍然很重。

小猪仔们并不是都很乖的，有几个小家伙很霸道，吃起奶来会欺负别的猪仔。这时只好人为干预一下，否则身体较弱的猪仔就会挨饿。大约二十多天后，妈妈开始让小猪仔们学习吃稀猪食。又经过几天时间的过渡后，猪仔们都断奶了。这时，就把它们和老母猪分开了。妈妈说:早一些让猪仔们和猪妈妈分开，以后别人家买回后，猪仔能更快地适应新环境。

一个多月时，就请人对小猪仔进行了阉割。看着这些小东西在被阉割时的惨叫，小廉心里也很不好受。在烧猪食时也给它们多加了些饲料。终于到了猪仔们该出门的时候了。那几天，每天都有人来看猪仔。没多久，那窝猪仔就被人都买走了。

回顾这几十天的日子，饲养母猪也真是一件很累人的事。

 相关联接

普通农家养小猪仔确实是很费功夫的。要想猪仔长得好，精心料理少不了。那时候，一般人家养老母猪差不多都是这样的。俗话说得好："喂猪仔就像喂小孩子。如果猪小的时候长不好，以后它也就长得慢。"现在，养猪多已规模化，饲料也都商品化了。过去一家一户养猪仔的方式也渐渐地过时了。

饲养母猪很费事，猪仔就像小孩子，操心不到长不好；如今养猪规模化，传统喂养已过时。

孵蛋记

前几天还在下蛋的那只老母鸡突然间不下蛋了，而且整天围着鸡窝"咕咕"叫着，也不愿意出外活动。小廉很奇怪，忙问妈妈:"这只鸡是不是生病了?"妈妈笑着说:"它没有病，是它想要鸡宝宝了，如果我们给它一些蛋，它就  会呆在窝里面孵小鸡的。"因为已到了可以孵小鸡的时候了，妈妈也想孵一窝小鸡，以便可以淘汰掉一些产蛋不多的老母鸡。一边说着，她一边给这个老母鸡撒了一把米。然后找来了一个竹篮子，用稻草在篮子里做了一个圆圆的浅窝。待老母鸡把地上的米都吃完后，就把它轻轻地抱进窝里。小廉问妈妈:"能不能把鸭蛋也放在里面一起孵?我想要几个小鸭子。"妈妈笑着说:"当然可以。因为鸭子自己是不会孵蛋的，家里的鸭子都是由老母鸡帮着给孵育的。如果把鸭蛋放在孵小鸡的鸡窝里，是可以同时孵出小鸭子的，不过孵育鸭蛋花的时间要长一些，所以要想孵出小鸭子，就得先孵几天鸭蛋，然后再放鸡蛋。"说着她拿来几个鸭蛋先放到母鸡的身体下面。几天以后，又把已经积累好的准备孵小鸡的鸡蛋也小心地放到母鸡身体下面。老母鸡自己稍稍动了几下，使蛋都被它的身体盖上。为了让它能安静地孵蛋，也防止室内温度波动太大而影响孵蛋效果，妈妈就把门和窗子也都关上了。这样使老母鸡能在一个温暖、安静的环境中孵蛋。鸡妈妈孵蛋是很辛苦的，它需要一直趴在蛋上，让每个蛋都能得到它身体温度的温暖。不但如此，隔一段时间它还要稍稍翻动蛋，以使它们受热均匀。

用老母鸡孵育小鸡，一般需要经过二十一天的孵育时间，而鸭蛋则还要长些。在孵蛋期间，鸡妈妈是不能离开鸡窝自己出去找吃的食物或饮水。因为离开时间长了，会导致所孵育蛋的温度下降，从而影响蛋里的鸡胚发育甚致死亡。所以，在孵蛋的过程中，必须安排好它的生活，要定时给老母鸡饮水、喂食。妈妈还做了一个小小的棉被子，专门用于在鸡妈妈吃食和饮水期间，盖在这些孵育期间的种蛋上进行保温。除了鸡妈妈自己翻动孵育的种蛋外，每天还要人为地把外圈的蛋和中心的蛋进行位置调整。在孵育到第十天以后，妈妈用照蛋灯对所有的蛋进行了检查，剔除了未发育的蛋。在以后的过程中，还要经常检查有无中途死亡的，并及时加以剔除。快到小鸡出壳时，妈妈开始注意蛋内小鸡是否在啄蛋壳。并及时把已出壳的小鸡拿出来。到鸡蛋孵育的第二十一天，也是最忙的一天。在这一天，小鸡们如同约好的那样，都先后破壳而出。窝里只剩下三个鸭蛋还未出壳，但在随后的几天里小鸭子也相继破壳而出。这些毛茸茸的小东西看起来很可爱，小廉想抓一只玩玩，被妈妈制止了。妈妈告诉他："它们还太小，你会把它们玩死的。"和人不同，鸡妈妈是没有奶水的，小鸡出壳后就得人工喂养。出壳几个小时后，妈妈把煮得烂烂的小米米粒喂给它们。过了一天以后，又在煮熟的小米中掺一些生小米粒喂着。几天以后，就全都给生的小米粒了。这时，鸡妈妈也恢复了正常，带着它的孩子们在院子里活动。

鸡妈妈是一只很称职的老母鸡。她不时地在草地里找可吃的东西，找到后就"咕、咕、咕"地叫几声，招呼它的孩子们来吃。它特别关爱自己的孩子，谁要是走近小鸡，它就会"咯、咯"地叫着冲过去用嘴啄，直到把来犯者赶跑。

 相关联接

那时农家养鸡，主要是自家孵蛋。这样在小鸡出壳后就可以由老母鸡带着。小鸡得到老母鸡的照顾，成活的机率较高，以后的生活能力也较强。

家养鸡鸭母鸡孵，母鸡孵蛋很辛苦，完成孵育带小鸡，犹如母亲把儿护。

宠物

同现在的孩子一样，那时的农家孩子也有自己喜爱的宠物。当时，很多小学生喜欢养一种叫"洋虫"的小虫子。这是一种长有双翅，但飞翔能力较差的甲壳昆虫。成虫也不足半厘米大小，喜欢  吃红枣肉，也吃一些其它干果。成虫产的卵孵化后成为小小的幼虫，以后又变为蛹，最后蛹蜕去壳变为成虫。这种虫子一般养在小盒子里，盒内铺一层棉花，放一些干枣的果肉。哥哥也曾养过，但爸爸看见他很长时间都在玩"洋虫"，就说小孩子应该把心思用在学习上，不能这样花在虫子上。后来他就不再养了。小廉不喜欢养"洋虫"，想养一些有实用的宠物。

邻家母羊生了两只小羊，妈妈带他去看小羊，小羊活泼很可爱，他真想将来也养一只小羊羔。妈妈知道他爱小羊，就和邻家商量。小羊断奶后，就把一只小羊抱了回来，它就成了小廉的宠物。他一有空就给它找好吃的嫩草，它对小廉也十分依赖，只要他在家，就在他身旁转。它只有一个缺点，就是到处拉屎。几天后，妈妈找了一条绳子，把小羊拴了起来，小羊很乖，没有一点反抗。小廉上学前，把它拴到房后的竹园里，放学后再把它牵回到它的小窝里。十多天过去后，一天放学了，他去竹园时发现它死了。当时，他很伤心，妈妈说它可能是吃了有毒的草或被毒蛇咬死的。

有一段时候，想养一只小鸭子。因为小鸭子很可爱，长大后还会产蛋。

妈妈知道他的心思后，在孵小鸡前特地先放了几个鸭蛋，后来竟孵出了三只小鸭子。这一下他很开心。可这三个小家伙竟整天混在小鸡群里，跟鸡妈妈在一起。他想试着抓一只出来，谁知还没有靠近小鸭子，鸡妈妈就向他冲了过来。吓得他只好赶紧离开。妈妈知道后笑了，告诉他："白天不要去抓。鸡妈妈是很会护仔的，它以为你要伤害它的孩子，当然就不愿意了。"又说："鸡晚上看不见东西，你可以在天黑后把小鸭子们拿出来。鸭子是喜欢水的东西，老混在小鸡群里也不好。"

晚饭后，天渐渐暗了下来了。趁着天黑，他把小鸭子从鸡妈妈那里拿了出来，鸡妈妈竟一点反应也没有。妈妈打了一大盆水，把小鸭子放到水里，小鸭子们就在水盆里嬉戏起来。三只鸭子中，小廉最喜欢的是一只身上有黑斑点的花小鸭，他给它取名为"小花"。 随后就把小鸭子与小鸡分开饲养。几天以后，鸡妈妈再见到小鸭子时也不认它们了。当小鸭子走近小鸡群时，鸡妈妈还会叫着驱赶小鸭子。显然，她已不再把小鸭子认作自己的孩子了。这样，小鸭子们只好自己在院子里玩。这时就训练鸭子们听从人的口令。每天，他还得让小鸭子到水盆里游游泳。过一段时间后，小鸭子们已能听从他和妈妈呼唤它们的口令。这时，小鸭子也长得大了一些，妈妈就让鸭子们到房后的小河里活动。天黑前，再呼唤它们上岸并喂一些食料。不过，中午放学回家时，小廉也常常到小河边呼唤小鸭子，还找一些虫子给它们吃。再后来，每到天快黑时，它们就会自己回到窝里，然后吃上一顿食料。这些小鸭子，尤其是小花特别乖巧、听话。他呼唤时，它还侧着头，好像在仔细听。小廉对它也格外关照，有好吃的也先给它吃，它也爱跟在他后面转悠。

有一天，天快黑了，小廉发现最喜欢的小花没有准时回来。这可把他急坏了，连忙告诉妈妈说小花不见了。母子俩很快赶到小河边呼唤小花，但没有反应。又沿着小河边走边呼唤，还是没有任何反应。天渐渐黑了，没办法只好返回家。那一夜，他一直在想着它会到那里去呐，会不会有什么危险?一连找了三天，始终没有发现踪影。

过了大约半个月，在都以为它已死了的时候，小花却突然和它的同伴一起回来了。但这时的小花，走起路来却跛着脚，看起来也比它的同伴瘦小。妈妈说它在外面一定吃了不少苦。就给它喂了一些好吃的，它也吃了很多。第二天，怕它再走失，就用细绳子把它的一只脚拴住，让它只能在院子里活动。这一下，小花不愿意了，就在院内大叫起来。后来它竟然病了，放开后也不吃不喝地，没有几天就死了。他很后悔:如果不拴它，它肯定不会生病的。

妈妈说养小动物很费时间，小孩应该把精力放在学习上。此后，他不再养宠物了。

 相关联接

孩子喜欢小动物也是一种天性。同现在的孩子一样，那时的孩子们也有自己喜爱的宠物。在安全和不影响学习的前提下，养一些小宠物，对于孩子成长也许是有一定意义的。但若影响到学习就不好了，

小鸡小鸭很可爱，小羊宝宝特别乖，儿童喜欢小宠物，虽然有益也有害。

推磨

　　快要过年了，妈妈说："今年收成不错，应该好好地过一个新年。"由于过去长期处于战争环境，生活很艰难，大部分的新年都过得相当低调。现在不同了，已经到了和平时代，自家又分得了土地。经过几年的努力，土地的地力也增强了，收成也随之而增多。是应该开开心心地过一个好年。

　　根据妈妈的过年计划，这个新年会与以往不一样。在吃的方面，饭菜不但要做得丰盛，花样也要多一些。这样，年前的准备工作可就很多了。那时，农村的粮食加工还比较落后。米粉、面粉、豆腐等需要粉碎的工作，都是靠人力劳动进行的。用石磨来磨碎粮食则是最常用的粮食加工方法，这也是很需要体力的活儿。

　　农村里，一般人家是没有石磨的，磨米粉和面粉都要到磨坊去磨。在磨坊里，磨米粉和面粉用的都是很重的大石磨。石磨是由"固定磨盘"和"转动磨盘"两片构成的。"固定磨盘"固定在磨床上，磨盘中心有一个中心柱，起稳定"转动磨盘"的作用。"转动磨盘"的中心有一个洞，正好扣在"固定磨盘"的中心柱处，使"转动磨盘"只能在"固定磨盘"上面转动。在"转动磨盘"的盘面上还有一个进料孔，石磨转动时，粮食就由此孔进入两片石磨之间，再经石磨磨成粉末从"固定磨盘"的周边落到磨床上。"转动磨盘"的周边有四个孔，其内穿有绳子，可用以固定推磨的杠子。磨坊只提供石磨并不提供劳动力，谁家要用石磨都需要自己去推磨。

　　因为年底时有很多人家要磨粮食以准备过新年时用，所以磨坊很忙需要预先约定。磨坊里的大石磨很沉重，一般需要四个人同时用力推。轮到我家时，全家能推磨的人都去了。妈妈、姐姐、二哥和小廉四个人一起上，才刚好可以推动大石磨。推磨的人把推磨的杠子顶在腹部，绕着磨床向前走以推转动磨盘。当磨盘面上的粮食都进入石磨时，还要及时添加，直至把所需磨的粮食都磨完为止。在磨床上收集的粮食粉末，先用罗筛过筛，然后把较粗的粗料放到磨盘面上再磨一遍。过筛下来的细粉就是过年时可用的米粉或面粉。最后还磨不细的麸皮等则可用作猪、羊、鸡、鸭等家养动物的饲料。推磨是一种很费力气的活儿，刚开始时大家都还有劲。到后来则力气渐渐地没有了，两条腿走起来就觉得很费劲。磨了两天才算把过年用的面粉和米粉都磨完了。

按照预先约定的时间，妈妈又带着家人到豆腐房去磨豆腐。磨豆腐所用的石磨要小得多，一般一个人用手就可以转动它。同磨米粉和面粉一样，也是一边磨一边加料。在磨豆腐的前一天，先要把黄豆洗干净，再用水浸泡，直至把黄豆粒泡得可以用手指捻成碎末。磨时连水带黄豆一起磨成粗豆浆，并将这些粗豆浆收集起来。这时黄豆中的可溶性蛋白质已溶入粗豆浆中。把这种粗豆浆过滤后，除去较粗的豆腐渣，就成为可以用来做豆腐的细豆浆。然后，再把这种细豆浆煮开。这时，浆水表面会结一层油性的豆腐皮。取出豆腐皮后，就可以点卤做豆腐了。点卤后，豆浆里溶解的黄豆蛋白质成分，就渐渐凝结成絮状豆花而沉淀下去。再经过压制成型就制成豆腐了。

 相关联接

现代农村都已使用机器磨面，磨的速度很快，面粉和米粉也都很细。而且，还可以直接购买商品面粉和米粉，不再需要用人力推磨。从前的磨坊和石磨也已不见了。至于豆腐，也可以直接从豆腐店购买。所以，过年的准备工作就轻松多了。

过年准备很烦琐，米粉面粉靠推磨，过年豆腐自家做，如今只要钱买货。

过年的那些活动

　　每年农历十二月初八日是传统的"腊八节"。吃完"腊八粥"就揭开过新年的序幕，这时家家户户都开始为过年而忙开了。因为各家各户都要为过年准备面粉和米粉，这时候的磨坊也就特别忙，提前预约是很重要的。妈妈在腊八节过后就到磨坊预约了磨面粉和米粉的时间，接着又到豆腐坊预约了磨豆腐的事宜。随后就可以按一定的计划进行新年前的准备工作。她先要插空给孩子们添补新衣服，两个男孩都是上学的学生不能穿的太破，应该做些新衣服了。孩子他爸是当老师的，他的长褂子也有些旧了，应该做一件新的。做衣服的布料可以到布店去买些洋布。条件好了再用土布做，就显得太土气，在学校里显然是不合适的。买布、裁衣、缝衣一直忙了十多天，才把三套衣服做好。最后，她还用边角布料，给四妹做了一双新鞋。到了腊月二十四日"灶神"上天的那一天，过年穿的衣服已基本做完。

　　"送灶神"是一个很恭敬的活动。传说中的腊月廿四日，是灶神上天宫，向玉皇大帝汇报的时候(有些地方是腊月廿三日)。谁家都希望"灶神"在玉皇那里多讲些好话，以便天上的神仙多降些福。那天，家家都要做红豆饭，并恭敬地在灶神神像前敬上一碗，表示家里的好事像红豆那样多得数不清。供完后，把已供了一年的灶神像加上一些黄纸钱，用双手捧着放到一个事前用竹枝搭好的竹塔上。然后点一把火烧了，灶神就驾着烟火到天宫去了。残留的竹塔还得保留，灶神从天上回来时，还要顺着它走回来，以不至于走错了门。

　　俗语说："廿四送灶，廿五打扫，廿六发面，廿七蒸馒头……。"过了腊月廿四日，就要打扫室内和室外卫生，并开始做一些新年吃的食品。到了腊月三十日，过年味就更浓烈了。大年三十这一天，既是农历年的最后一天，也是农家最忙的一天，又是包括祖宗在内的全家团圆的一天。这天最主要的工作是准备一餐丰盛的年夜饭。一般，从早晨开始一直忙到天快黑才算忙完。鱼、肉、鸡和蛋等各种各样的荤菜，有红烧的，有清蒸的还有各种炒菜，都要在天黑前做好。同时，还要包一些馄饨、团子以及团圆(汤元)，以供大年初一吃。因为年初一早上要吃团圆(汤元)，表示会全年家庭团圆。而且，那天只能吃已做好的熟饭菜，是不能再动菜刀的。天黑时，最重要的事情是把灶神请回来。这时先在灶上贴灶神像的地方，贴一张新买的灶神像。然后，在残留的竹塔旁点上香火，再把香火拿回插到灶神像前的香炉里，就算把灶神迎回了。随后，要把已经亡故的祖先牌位放到供桌上。再摆上供品，点上香火和蜡烛开始祭祖、祭神。祭祀时，爸爸要向神像和祖先牌位前的酒杯里添三次"水酒"后才算结束。祭祀结束后，一家人这才开始吃年夜饭，过年活动也就达到顶峰。饭桌上除了满满一桌的各种荤菜和素菜外，还煮了馄饨、团子等。一家人各取所需，在一起边吃边聊天，亲亲热热地吃一顿年夜饭。这也是一年中家庭人数最为齐全的时候。

吃完年夜饭，大家在一起守岁直到夜深。这时，妈妈会给每个孩子发压岁红包，并把新衣服和新鞋子分别放在各自枕头旁。孩子们睡着后，爸爸和妈妈还要再守一会儿岁，并要准备好大年初一所必须做的事。这时的妈妈已经累得实在不想动了。其实正如妈妈所说："过年是孩子们最快乐的时候，却是大人们最辛苦的时候。"

过年的应酬还在后面呐，直到正月十五，那天也闲不了。

 相关联接

一年一度的新年是中国人最隆重的节日。在过年时，孩子们是最快乐的，他们可以吃到平时难以吃到的丰富食品，得到所期望的压岁钱，还可以穿上新衣服。传统的过年活动，虽然是以辞旧迎新为主。但一些迷信活动或赌博等恶习，也往往在过年时期泛滥。因此，移风易俗，改革过年方式，也是值得提倡的。

　　腊八过后要过年，年前准备要全面，大人辛苦孩子乐，美食新衣压岁钱。

61

灯节

　　灯节包含着元宵节，是农历节日中仅次于过年(春节)的重要节日。此节日除观灯娱乐以外，也有希望这年能够得到丰收的意愿。从时间上看，灯节是所有节日中时间跨度最长的一个节。从正月十三日掌灯开始，到正月十八日的落灯为止，共持续六天。掌灯那天晚上要吃团圆(汤圆)，落灯的晚上应吃面条(意味着一年从此顺顺利利)，即所谓"掌灯团圆，落灯面"。在这几天内，一般农户每天晚上天黑后，就要在神像前供上汤圆，点上红色蜡烛和香火，有花灯的也可以同时点上花灯。到正月十五日的元宵节夜晚达到高峰，这就是一般俗称的元宵灯会。和过年不同，灯节虽然也祭拜先人和神仙，但以素食为主，不像过年时候的大鱼、大肉。祭拜时的供品主要是用米粉制作成鸡、鸭、猪、羊、牛、棉花包、棉花果、石榴、百合、桃子等各种家畜、家禽、农产品和水果形象的供品。这些供品在祭祖先和神像的供桌上堆得满满的。显示出人们对新的一年的期望。因为用的都是素食品，所以灯节虽然时间较长，但准备工作却没有过年时那样复杂。用纸糊几个花灯，里面插上蜡烛;再在正月十四那天晚上，做一些大团圆(元宵)和各种形象的供品就可以了。

　　元宵节的前一天，妈妈对小廉说:"三儿，今天我们要做明天用的供品，你就给我当个帮手吧。"因为他手巧，妈妈每年做元宵节供品时，都会让他帮着做。看着妈妈熟练地和好米粉，然后做成一个个米粉团块。他接过这些团块后就开始做了起来。先把米粉团块放在手心里搓成带有尖头的桃形，再在尖头上压一条浅沟就像一个水蜜桃，压四道浅沟则像棉花果;把米粉团块放在面板上压成长方形，再在各个面上分别压一个十字沟，就像打成包的棉花包;把米粉团块搓长做成梭子形，压扁后用手稍作加工就做成了一条鱼的模样……。在小廉的双手摆弄下，没多久面板上就摆满了用米粉做成的桃、棉花果、鱼、猪头、兔、石榴、百合、鸡、鸭等形象的米粉供品。随后，两人又做了好多以芝麻和红糖为馅的甜元宵。最后，妈妈把这些供品放入蒸笼里蒸熟，甜元宵则留着次日元宵节早上吃。

俗语:"正月半，大团圆(元宵)。"按习惯，元宵节早晨妈妈煮了一锅元宵。先盛了一些作为供品放在祖先和神像的供桌上，并点上香和红蜡烛，以示对他们的敬重。然后，一家人就坐在一起吃大团圆(元宵)。早饭后，妈妈就要忙着做中午和晚上要吃的团子、馄饨等食品。我们这些孩子则要做晚上要用的花灯。大姐手巧承担了做花灯的主要工作，小廉和哥哥在旁边当助手。晚饭后，按习惯点上红蜡烛和香火，摆上供品，标志着元宵灯节活动开始了。

太阳落山后，圆圆的明月从东方升起。明亮的月光下，邻居们也都不约而同地忙碌起来，家家户户都拿出自己扎的花灯。有的挂在门前，有的拎在手里。街上一下子涌出了各色各样的花灯。有些大型的如船、龙一类花灯，需要几个人合作才能在街面上舞动起来。大人、孩子纷纷出门观看。在明亮的月光下，人们尽情地游玩、欣赏，评论着谁家的花灯最好看。

说起来，其中二堂伯家做的马灯最引人注意，堂弟把马灯前半部扣在胸前，后半部系在腰部，远看像是骑在马上，摆动起来还很灵活。小廉也牵着姐姐做的兔子灯，与小伙伴们一起，在人群中窜来窜去的嬉闹着。

相关联接

灯节是中国人的传统佳节，以正月十五元宵节的"闹元宵"为高峰。元宵节之后，标志着农历新年结束，将要开始春耕大忙了。因此，这个节日既是一个欢乐的节日，又是一个对新的一年充满期望的节日。由于农村人口增加，原先的竹园多已被住房所取代，扎花灯所需的竹竿没有了，灯节活动随着时间变迁也就渐渐被淡忘，成为老年人记忆中残存。

东方明月当空照，正月十五闹元宵，月光灯光相交辉，不知谁家灯最好？

寒冬苦读

爸爸是一位古文方面造诣很高的学校老师。他对古文和古代诗歌有着深厚的情感。虽然，民国以来人们只注重白话文，对过去的"文言文"已不太关注了。但他很清楚地意识到：中国是一个有五千年历史的文明古国，古文知识对于以后学习和继承中华文明都很重要。他认为：如果大家都不学一些"文言文"，几代人以后，就可能没有人能阅读中国的古典文献了。因此，他认为文言文和古典文学还是应该学习的。否则，把这么丰富的中国古代遗产都丢失那就太可惜了。

看到当时小学生课本中，古文方面的课文很少。因此，爸爸打算在寒假期间，给两个上学的孩子补习一些古文方面知识。他找来了一些古文书籍，亲自给孩子们讲解、翻译。在他们理解后，他要求他们把文章读熟。对于一些范文则要求他们不但熟读，还要能背诵并默写出来，如"岳阳楼记"、"师说"、"桃花源记"等。他还找了一些古书，如"古文观止"、"唐诗三百首"等以供平时学习所用。说起来，寒假时间并不长，假期中又正好遇到农历新年。孩子们还要为过年做很多准备工作，而且在过年的那几天也无法安心学习。因此，能用来学习的时间并不多，但是要学的东西却很多，所以学习时间他是抓得很紧的，对孩子们的要求也是很严的。他们常常是白天完不成的，晚上还要就着豆油灯光继续读，直到能流利地把文章背诵出来。所以，往往要学到深夜才能睡觉。为了激励孩子们学习的热情，爸爸也常常讲一些古人刻苦读书而成才的故事。

江北的冬天和早春的天气还是很寒冷的，农村里的房屋又没有采暖设备，基本上是屋里屋外一样冷。而且，白天的阳光下，屋外还可以晒到太阳，所以比屋内还要暖和一些。尤其是到了严寒的"三九隆冬"时候，室内温度常在摄氏零度以下。屋内水缸里的水面上常常会结一层冰。为此，冬天时人们常在水缸的水面上放几根稻草，以防止冰冻过度时把水缸冻坏。

为了能够更多的掌握古文知识，小廉和哥哥二人，白天就在窗前的书桌旁，就着阳光的温暖读着古文书，或者默写一些名言、妙句和诗歌。古文书读起来不象白话文那样顺口，也不太好记。为了能正确记住原文，他们常相互间帮着测试课文背诵的正确度。夜晚就相伴在油灯的暗淡光线下刻苦攻读。后来，爸爸怕孩子们把眼睛搞坏，托人帮忙买了一盏当时先进的美孚灯。有时候实在太冷了，他们就站起来跺跺脚、搓搓手、活动活动身体。待稍微暖和一下后，再继续学习，直到完成了当天的学习计划。就这样，每年的寒假中，兄弟二人的手和脚上，常常会因为寒冷而生有冻疮。

功夫不负有心人。经过几年的苦读，小廉和哥哥，在古文知识方面都有了很大的进步。这对后来的学习和工作都有很大的帮助。

 相关联接

民国时代，文化界提倡白话文，使文学作品能为人民大众所阅读。这无疑对中华文化的发展、普及有积极意义，但对文言文的忽视和排斥则并不可取。因为中华文明已有五千多年历史，而文言文作为历史的载体，则完整地记录了自古至今的发展过程。显然，如果文言文无人能认，则大量的中华古代文明将无法传承下去。尤其是中医学是离不开文言文的。中医古文献基本上都不是用白话文撰写的。不懂文言文就很难学习中医知识。兄弟两人后来都学了医学。经过苦读所得的古文知识，对于后来阅读中医文献起到了重要作用。

中华古文五千年，古今文明在书间，寒冬苦读古文籍，为使文明得续延。

63

蚕宝宝

春末夏初，桑树都已长出了较大的叶片儿，是到了可以养蚕的时候了。那时，仅靠种地的农户收入还是有限的。为了能增加农民的经济收入，乡里的领导动员有条件的农户养蚕。姐姐看到自家的桑树长势不错，就从乡里领回了一张"蚕种纸"。那张不大的纸上面密密麻麻地布满了细小的蚕卵。她按照要求进行孵化。不久，细小的蚕宝宝就从卵中破壳而出。出壳后的小蚕身体黑黑的，也只有蚂蚁那么大小。很多小蚕挤在一起，黑乎乎的一大片，它们都在蚕纸上面蠕动着。姐姐看了很高兴地对小廉说："这些小东西出得还挺快。不过，小蚕们才刚孵育出来，嘴还很嫩，咬不动大片儿的桑叶，需要找嫩桑叶并把嫩叶切成细丝才能喂给它们。"随后，她带着小廉到桑树那里，采了几片较嫩的桑叶片，拿回后仔细地把叶片切成桑叶丝，再喂给这些小蚕宝宝们。小家伙们见到有吃的东西，也就爬过来吃开了。小廉看到这么几片嫩桑叶就把它们打发了，就说："看来养蚕也不那么难。"姐姐笑着说："不难？你就等着瞧吧，难的还在后面呐，到时候你可别叫苦。"随后，她拿出了早已准备好的养蚕用的竹匾。把这些小蚕宝宝连同桑叶丝一起，轻轻地移入竹匾中。

养了几天，小廉注意到这些小东西都是不停嘴的在吃桑叶，而且食量也一天天在增大。几天以后，它们就不再需要切桑叶丝，而是直接爬在大桑叶片上吃开了。它们的确长得很快，而且身体颜色也渐渐由黑变成浅灰色。忽然有一天，小廉发现它们都不吃桑叶，抬着头不动了。他很惊奇，以为它们都生病了。就慌忙跑去找姐姐说："不好了，蚕宝宝们都生病了。"姐姐听了连忙过去，想看看究竟是怎么回事?昨天不还是好好的，今天怎么会一下子都病了呢?当她看了以后，马上就明白了。原来是蚕宝宝们要休眠蜕皮了，不是生病。她告诉小廉:"蚕宝宝生长过程中身体在不断长大，但它的外皮生长速度却跟不上。所以，长到一定程度就必须蜕去老皮。在它的一生中要蜕好多次皮，这就是一般所说的"蚕眠"。这时蚕宝宝不吃也不动，直到把旧皮蜕完。所以蚕宝宝没有病，它们很快就会吃桑叶的。"果然，蚕宝宝们蜕皮后很快又开始吃桑叶了。经过多次蜕皮休眠后的蚕宝宝，已经长大了很多。它们的采食量很大，撒给它们的桑叶，在一片'沙、沙、沙'的声音中，很快就被吃完了。他这时才明白姐姐曾说过:"难的还在后面"的意思。越往后，他们采摘桑叶的任务就越重。不过，好在蚕宝宝们也快到该吐丝结茧的时候了。

终于，蚕宝宝们一个个都长得白白胖胖的，又到了不吃桑叶的时候了，密密麻麻挤在一起。此时，它们的身体开始变得有些透亮，仰着头口中开始吐丝了。姐姐忙着把这些蚕宝宝拿到预先为它们准备好的"草龙"上。宝宝们就爬在"草龙"上面摇头晃脑地吐丝结茧，把它们自己包在丝茧内。这茧子就成了它的小房子，渐渐地从外面就看不到在茧里面吐丝的蚕宝宝了。

几天后，"草龙"上蚕宝宝都变成了一个个白白的蚕茧，收获的时候终于来了。小廉和姐姐小心地把这些蚕茧从"草龙"上一个一个取下。按乡里要求送到供销社，收获了多少天辛苦得来的劳动成果。

 相关联接

我国是养蚕历史悠久的国家，自远古时代就开始养蚕并制作丝绸。历史上，中国的丝绸织品曾远销中亚和欧洲。著名的丝绸之路就是通过长途运输，把中国生产的丝绸产品源源

不断地销往西方。交往中也带来了西方的文化，促进了东、西方的文化交流。因此，小小蚕茧的蚕儿自古以来就承担了东、西方交流的重任。养蚕也是南方农村农民的一项副业，尤其是在桑树种植较多的江苏和浙江一带尤为常见。

自古丝绸人喜爱，丝绸之路销海外，种桑养蚕虽辛苦，白白蚕茧成果在。

64

彩虹的秘密

夏天的天气真是又闷又热，已是傍晚时候了，火热的太阳还在烘烤着大地。树叶儿也都纹丝不动地耷拉在枝条下，蝉儿爬在树上长长的鸣叫声，更增添了闷热带来的烦恼。

突然间，天边飘来了一片乌云。顿时狂风大作，天空中乌云翻滚，天突然就暗了下来。紧接着就是隆隆的雷声和耀眼的闪电。随之而来的是豆大的雨点从天而降。霎那间，空气一下子就清凉了许多，闷热的感觉一扫而光。一场暴雨过后，阳光又重新回照着大地。遥看东方，天空中挂起了一条巨大的彩虹。红、橙、黄、绿、青、蓝、紫，犹如天边架起了一道七彩天桥。小廉用手指指着东方的美丽彩虹，对姐姐说："快看，那条彩虹多么漂亮啊！"姐姐急忙让他把手放下。她告诫说："不能用手指指着彩虹。听老人们说过。那是河蚌仙子。你那样做是很不礼貌的。她要是看到你的手指在指着她，她就会让你的手指坏掉的。"听姐姐说后，小廉立即把手放下，并摸了摸那根手指头。还好，手指头没有什么不舒服。

接着过了好几天，他每天都密切地关注着自己的手指，害怕真会被河蚌仙子把它弄坏。但几天过去后，自己的手指还是好好的。就想：彩虹也许与河蚌仙子没有关系，自己的手指是不可能变坏的。为了证实自己的想法，他准备下次看到彩虹时，还要用手指指着它，他到要看它会怎么样？后来又下过几次暴雨，雨后彩虹仍然出现。他每次还用手指指着它，都没有发生什么意外。这个事实证明了，彩虹的确和所谓的河蚌仙子没有关系。再后来，小廉在"新少年报"上看到，彩虹是雨后阳光被水蒸汽折射而形成的。心想："那样的话，我们自己也应该能制造出这种美丽的彩色，不一定要等到下暴雨后才能看到它。

一个冬天的早晨，一道阳光从朝东的窗口射进厨房。小廉正在那里给家里人煮红薯茶。当把锅盖揭开时，锅里的蒸汽直往上冒。他走到碗柜处取碗盛红薯，突然看到锅上面被阳光照耀着的水蒸汽里，呈现出七彩缤纷的美丽景象。但当他走到锅灶旁时彩色却又不见了。他又一次走到刚才的位置时，仍然可以看到上升水蒸汽中的彩色。这时他明白了：彩色只有在人眼处于太阳和水蒸汽之间的一定位子时才能看到。这证实了他的想法，就马上去告诉妈妈和姐姐。并说：夏天雨后的彩虹与河蚌仙子也没有关系，而是阳光被折射、分解所造成的。对此，他并不满足。他想，能不能看到自己动手制作的彩虹？

冬去春来，转眼又到了夏天。在一个炎热的夏日中午，小廉正在玩自己制作的喷水筒。站在火热的太阳光下，他向自己的脚前方打出一道水雾，突然间看到水雾中有一条直径约一米的七色彩虹圈。他又向不同的方位打水雾，但能见到彩虹圈的方位是固定的。

显然，无论是夏、秋的暴雨后，或冬季开锅时的水蒸汽，还是人为打出的水雾。在一定的条件下，都有可能见到由阳光被折射、分解所产生的彩虹现象。

 相关联接

生活中可以观察到很多自然现象，这些现象都有一定的形成道理。如果能仔细地进行观察和分析，就有可能得到比较正确的结果。从而破除一些盲目认同的迷信。像光线折射现象，生活中还有很多，如当把一根木棒插入水中时，就可以看到水面以下的木棒好像被折断了的样子。在野外的瀑布前，当人处于一定位置时，也能看到彩虹现象。除水外，玻璃也有折射分解白光作用，用三棱镜可以把光线分解成七色彩虹样的连续光谱，分光光度计就是利用这个原理制造的分析仪器。

红橙黄绿青蓝紫，疑是仙子显英姿，河蚌仙子不可信，水气折射阳光致。

糗子粥

因为家里缺乏劳动力。妈妈、姐姐和哥哥，常常要在早晨时刻到地里做农活。因此，小廉就承担了家里做早餐的任务。

苏北农村的农家早餐比较简单。一般情况下也就是喝几碗"糗子粥"，再吃着一些自家腌制的野芋头、黄瓜或长豇豆等咸菜。糗子粥是苏北农村中最常吃的一种稀粥。一般是用大米、糗子(元麦粉或大麦粉)及适量的黑豇豆烧成的稀粥。有时候也会放一些红薯在里面。有些家庭经济较好的人家，还常常加一些红枣之类的干果。由于过去人民生活普遍很困难，多数人家粮食都不够吃。而煮"糗子粥"所用的粮食较少，吃后却有较好的饱腹感。所以，贫困人家几乎每日三餐都吃它。就这样，糗子粥成了靖江地区自古以来人们常吃的传统食物。在艰苦的战争年代，它养育着靖江军民，为打败日本侵略者做出了贡献。小廉和其它农家孩子一样，很小就在大人的指导下，学会了如何煮糗子粥。刚开始时，他还够不上灶台哩。那时扬糗子还得踩着小板凳。

每天早上，天还没有亮，在妈妈她们下地做农活的时候，小廉也早早地起了床。随后，就开始准备做早餐。他先舀一些大米，再抓一把黑豇豆放到面盆里，清洗后一起倒入锅里。然后加入适量的水，就走到灶台的"灶膛"口处坐下生火煮粥。

当大米和黑豇豆基本上煮熟时，就可以着手扬糗子了。这可是一个"技术"活儿，扬糗子时不但要求糗子粉的分散度要好，在扬的过程中也要求均匀、平稳、快速。这也是煮糗子粥好坏的关键所在。如果掌握不好，则糗子粉落在锅里就会成为"糗子疙瘩"。那些位于疙瘩中心的糗子粉会因处于缺水状态而难以煮熟，这种"糗子疙瘩"就很不好吃。一般地，在开始扬糗子粉以前，先应调小灶膛内的火。待锅内的米汤保持小沸腾状态时，才可以扬糗子粉。常用的操作手法是:左手拿着盛有糗子粉的葫芦瓢，右手拿着锅勺。一面抖动左手拿的瓢，使糁子粉很均匀地撒落到锅里的米汤上，同时用右手拿的勺舀起锅里的米汤或不断搅动米汤，使落入米汤的糁子粉能很快分散开，而不致形成疙瘩。对于手法熟练的人，扬糁子时两手的动作，有如舞蹈一样很是优美。

刚开始学习煮糁子粥时，他常常扬得不好，粥里常会出现不少"糁子疙瘩"。妈妈就教给他一个"笨"办法。就是先用温水把糁子粉调成稀糊糊，再慢慢地倒入米汤中，边倒边搅米汤，也同样可以达到不结疙瘩的目的。后来，练熟了手法，也就不再使用"笨"办法了。在扬完糁子粉后，可把灶膛火稍稍加大，使粥汤再开锅三次。然后灭火，以灶膛余热维持一段时间即可。为了使糁子粥粘稠，他还学着妈妈的样子，放一粒黄豆大小的食用的石灰块到粥里。这样烧出来的糁子粥呈棕红色，吃起来很香，而且还增加了粥里钙的含量。

小廉烧糁子粥时，也会得到一个小小的"奖赏"。那就是锅边上结出的一圈薄薄的糁子粥薄膜。此膜可以用手从稀粥上面的锅周边取下来，是一种孩子们都爱吃的自制小食品。

相关联接

"糁子粥"曾经是苏北地区人们习惯喝的一种稀饭。因为吃糁子粥用的粮食较少，而且喝后饱腹感强。故而也是粮食不够吃的贫困人家最为常用的吃法。一般可用大麦和元麦两种麦粉做，其中以元麦粉做的糁子粥口感最好。在新中国成立前的战争年代，因为人们普遍面对着粮食缺乏的困境，当地人民基本上一天三餐吃的都是糁子粥。解放后，随着人民生活水平的提高，加之元麦产量不高，种植量不断减少，吃糁子粥的人家也就渐渐减少了。现在的糁子粥反而成为当地饭店里的一种风味美食，其身价远远超过大米饭。

旧时缺粮糁子粥，长期食用成时俗，游子思乡忆糁子，如今难寻因粮足。

清晨交响乐

"喔喔喔"，我家的大公鸡突然啼鸣，正在梦中的小廉被鸡鸣声唤醒了。看看窗外，天空还是黑黑的。除几颗星星在闪烁外，没有其它光源。鸡鸣声打破了深夜的宁静。随后，除鸡窝里传来了鸡、鸭们的骚动外，屋外竹园里的麻雀巢里也开始骚动起来，传来了麻雀们的叽叽喳喳的噪声。显然，尽管还未天明，但春光明媚的新一天也快要来临了。

黎明时刻是一天中最为微妙的时候，从最黑暗的深夜，转向阳光灿烂的白天，像一个连续谱带。这期间，并不存在固定的时间分隔点。在水乡农村的故乡，从黎明初的朦胧之美，到日出的阳光灿烂，是最为美妙的光亮度由弱到强的连续谱带。鸟语虫鸣，再加上赶早劳作的农人号子或山歌，构成了农村清晨交响乐。看着窗外朦胧的光线，听着鸟语虫鸣、粗旷的劳动号子或悦耳动听的山歌，以及自家庭园的虫鸣声。自然，使人想起陶渊明的名作"桃花园记"。但此时此刻，却令人感到此景实胜于桃园。把其称之为清晨交响乐也不为过。

小廉不懂鸟语，更不知虫鸣的含意，但牠们肯定有其意思的。他想：大概和人的语言一样，也是同类相互交流的工具。牠们相互之间是可以用来交流的。

当晨曦初露之时，天空露出一抹淡淡的光亮。屋旁竹园里，麻雀妈妈就以轻缓的嚓嚓歌声拉开了晨曦的序幕。那个简易鸟巢里，住着一对麻雀夫妇和几只牠们刚孵出不久的孩子。也许是饿了，小家伙们打断了妈妈的歌声，不安份地叽叽直叫，并张开大嘴，摇着脑袋，等着父母给喂食。麻雀妈妈停止了歌唱，以急切的"嚓嚓嚓嚓"声催促丈夫：快给孩子们找可吃的东西，孩子们饿了。麻雀爸爸这几天也很辛苦，牠在妻子孵蛋时期，除保卫自己的巢不受同类侵犯外，还要为妻子找吃食。因为麻雀孵蛋期间。母鸟是不能离开的。好不容易小麻雀都出壳了，但牠更不能休息。因为和人类不同，麻雀妈妈是没有奶水的，这么多孩子还要牠这个当爸爸的去找吃的。牠，当然也希望麻雀妈妈自己也能出去找虫子。这样牠就可以在巢里照看孩子，同时也能多休息一会儿。于是夫妻之间，就围绕着谁去找食物，"喳喳喳喳"地争吵起来。"喳喳喳喳"，"喳喳喳喳"。吵了一阵，麻雀爸爸还是先飞出去找虫子，小宝宝们饿了牠别无他法。好在天已有点亮了，虫子们也开始出来活动了。麻雀爸爸找到一些虫子后就飞回巢喂给小宝宝，接着牠就在巢里照顾起小宝宝们。随后，麻雀妈妈也飞了出去。就这样，轮流着找食物喂牠们的孩子。这样看来，牠们已协商好共同找食来喂小宝宝们了。

随着光线增强，竹园和周围大树上的鸟儿们，也都从睡梦中清醒了。纷纷加入到清晨交响乐中。喜鹊是有名的报喜鸟。嗓门大，语速快，不停地"喳喳喳"说那些谁也听不懂的"喜讯"，但人们并不厌烦牠，反而以为牠在向自己报喜。乌鸦则刚好相反，专门"呱呱呱"地大声说那些只有牠自己知道的，令人不愉快的事。人们无法理解牠的语音，对牠心生厌恶，认为牠是不祥之鸟。播（布）谷鸟则不断催促人们起床去"播谷"，牠是催人勤劳的鸟，当然牠的美意也为人理解。刚从窝里被主人放出来的鸭子们，则用牠们的"嘎嘎嘎"叫声加入大合唱。美丽的小黄莺以清脆悦耳的歌声，成为人们最欢迎的鸟类歌唱家。

在稍远农田里，传来了耕田的农民对耕牛的吆喝声，男人们车水时粗旷的车水号子和水车灌溉农田的车水声；秧田里，女插秧能手们边插秧边唱着"三月三，上孤山……"的悦耳山歌声。刚分到土地的人们，正在起早赶晚地忙着春耕春播农活。他们知道，只有现在播下希望的种子，才能期望着秋天的好收成。显然，勤劳的人们也不由自主地加入到这个清晨交响乐中。

不甘例外的是，在庭园一角的花草丛中，蟋蟀、"织布娘娘"和一些不知名字的鸣虫们，也加入到这场交响乐。用牠们特殊的乐器，奏出美妙的虫鸣乐。

清晨的交响乐，章显了大自然中最为美妙的和谐之音。

相关联接

黎明时刻，万物开始苏醒。由于生物钟作用，公鸡是最早清醒的。牠准时的啼鸣，自古以来就成为黎明的标志。鸟类和昆虫们也开始活动。因此，黎明至日出这一段时间，随着自然光线变化，在环境优美的乡村，会呈现出一个美妙的"鸟语虫鸣"、"花草芬芳"的优美环境，加上起早劳作人们的劳动号子，优美悦耳的民间山歌、小调，确实充满诗情画意。笔者回顾七十年前故乡农村清晨光景，好像就在昨天。回想那时刚摆脱了战争，进入和平建设新时期，翻身农民有了自己的土地，为了迫设美好的未来，起早带晚努力劳作，也和自然之音融为一体，现在想来仍然回味无穷。

黎明时刻万物醒，鸟语花香美环境，翻身农民勤劳作，农村面貌新光景。

小小先生

　　三婶家的小堂弟快到上学年龄了，这个年龄的小男孩都比较爱玩。三婶想让他先认一些字，并收收他爱玩的心，以便将来上学时能够较快地适应学校生活。在一次和妈妈的交谈中，流露了想让小廉帮着教教小堂弟的心意。妈妈是一位热心人，对于别人要求帮忙的事儿，只要能做得到的都会想办法解决。况且，家里的大猪刚卖掉，一段时间内不用去打猪草。下午放学后，他从学校回到家中，妈妈就把三婶想让他帮着教小堂弟的事说了，并问他行不行。开始时小廉没有思想准备，因为自己还不过只是一个小学三年级的学生，能不能教别人，心里也是没有把握的。不过妈妈跟他讲，也不好拒绝。这时，他也想到，教小堂弟认字可能不会太难。他知道那孩子是很聪明的，如果把教他学习当作自己复习也是可以的，但就是不知道小堂弟有没有想学习的心思。如果他真想学的话，那也应该没有什么问题。想到这里，就告诉妈妈说："跟三婶讲吧，可以先试试看，如果堂弟爱学习，应该没有问题。"妈妈把小廉的想法告诉了三婶。三婶听后也很高兴。当即就商量好了，每天小廉放学后，小堂弟就到我家来。小廉一面做自己的家庭作业，一面教小堂弟认字，这样就不会占用过多的时间。

　　三婶把认字的事情向小堂弟说了后，堂弟也很高兴，表示一定要好好跟着哥哥学习。次日下午，他就早早来到我家，就等着小廉放学回家教他认字。放学回来后，看到小堂弟正在等着要认字，他心里就很喜欢这个小弟弟。决定先教他认几个字试试看。想了一会决定先教"一、二、三、人、手、足、头、口、牛、羊"这十个最常见也很简单的字。起先，每个字都连着读多遍，并让他跟着读。等他自己会读时，再读下一个字。等到这十个字都会读后，再连在一起读。经过反复多次的读，最后把单个字写出来让他认，他也都能认得。然后，用一张纸把这十个字都写上，并让他带回家，让他自己在家再慢慢地反复认。临走时，还告诉他明天来时先要考他，看看忘了没有。

小堂弟回家后，再也没有外出玩耍，很老实地在家里反复地读那几个字。三婶见了也很开心，没想到这位"小小先生"，还真的把她的调皮孩子给管住了。第二天的下午，小堂弟又准时来到我家，小廉放学后看见小弟弟那么准时地在等着，就问他："昨天学习的那些字，是不是都会了呢?"小堂弟很爽快地说："都会了，不信你考考看。""那好，我们就考一下。"他应答道。随后他写一个就让小弟弟说一个，直到那十个字都写完，小弟弟也都全答对了。小廉告诉他："你考得很好，我给你打一百分。"接着，就开始教他学写字。先是手把手地教他握笔，再教他逐个字地书写。尽管他写得很费劲，但还是很努力地一笔一划地认真学着。后来，他每天都会很准时地来我家学习。小廉也很耐心地教这位小弟弟。

新学期开学时，由于已经认识了一些字，会做一些简单的算术，小堂弟顺利地进入了学校，当了一名小学生。三婶非常感谢小廉，送给他一支钢笔，作为对他这位小小先生的酬谢。这支笔小廉非常珍惜，一直使用到中学毕业。

 相关联接

学前儿童在适当时候进行一些学前教育，对于他们以后进入学校学习，较快地适应学校生活有一定意义。这种教育也常见于现代城市幼儿园。但对于农村孩子来说，如何做到合适的学前教育，还是一个值得研究的问题。

学前孩子多爱闹，幼儿教育很需要，适当认字学计算，有利将来上学校。

捐献

1950年，新中国成立后才一年，美国人就在朝鲜发动了侵略战争。凭借着他们占优势的现代化武器，战火很快就烧到鸭绿江边。"唇亡齿寒"这个道理是每个中国人都懂得的，美国人的真正目的是针对我们中国的。如果他们打下了朝鲜，那么下一步就是要进攻中国东北了。然后，再从东北侵占全中国，重走以前日本人侵略中国的老路。曾经和日本侵略者斗争了十几年的中国人民明白，当亡国奴的日子是很不好过的。因此，美国侵略朝鲜的战争使中国人民非常愤怒。更何况，和平的日子才刚刚过了一年，他们就要向我们开战，把战火又烧到了家门口。

为了保卫人民的胜利成果，中国人民志愿军，开始了赴朝支持朝鲜人民的抗美援朝保卫国战争。当时，新中国刚成立不久，国家还没有从长期的战争的创伤中恢复过来。因此，进入朝鲜参战的志愿军战士的装备还十分差。他们缺乏重型武器，没有空军的支持，而面对的却是现代化装备的敌人。敌人的飞机在朝鲜上空到处进行狂轰滥炸，显然双方的实力相差是很大的。但是，志愿军战士们为了保卫国家而战，他们克服了巨大的困难，不怕牺牲英勇战斗。他们的英勇事迹感动了全中国人民，被人民称为最可爱的人。小廉和他的同学们也很关心志愿军叔叔在朝鲜战场上作战的情况。收到每一期"新少年报"后，他都会很仔细地看那些来自战场的报导。看到志愿军叔叔们又打了胜仗，他就很高兴，并把报纸上的报导说给别人听。他特别崇拜那些战斗英雄。

然而，在朝鲜战场上，面对着美国军队在武器上的优势，战争打得很艰苦。特别是志愿军没有空军部队掩护，敌人的飞机可任意在朝鲜上空横行霸道，他们的狂轰滥炸导致不少战士伤亡。消息传到后方，引起广大人民群众关心。大家自觉地开展了捐献活动，以支持前方的志愿军战士。妈妈也和家里人说了要捐献支持志愿军的事，并找了一些以前她结婚时的首饰作为捐献品上交。我们学校的老师也向学生们讲了捐献活动支持志愿军战士的意义。为了筹集捐献款，我们这些小学生也想了很多办法。小廉在家里找到了一些不用的旧物品，出卖后把钱拿去捐献。后来又听到有人说："知了"的幼虫蜕下的壳，是一种中医用的药材，中药房愿意收购，而且是很值钱的。农村里，夏天"知了"很多，平时谁也不把它当回事，所以夏天的树干上常常可以看到它们蜕下的壳。他想这个东西还是可以收集的，而且也不太费劲。因此，每天早晨，他都会到大树干上寻找刚蜕下的知了壳。这些知了壳都很新鲜。收集到比较多的时候，就拿到中药店去卖钱，并将所得的钱积起来用以捐献。不过，每个知了壳的重量都很轻，要收集到可以拿去卖的重量往往需要累积很长一段时间，所以说起来也不是那么容易的。

在全中国人民的支持下，中国人民志愿军和朝鲜人民军经过三年时间的英勇战斗。最后粉碎了美国人侵占朝鲜，进攻我国东北的阴谋。到了 1953 年 7 月，交战的双方签订了停战协议，抗美援朝战争终于结束，可以安下心来搞建设了。

 相关联接

轰轰烈烈的抗美援朝运动，是当时全中国人民为了保卫祖国的全民运动。正是由于全国人民的支持，以及中国人民志愿军与朝鲜人民军英勇战斗的结果，才最终粉碎了侵略者的阴谋。迫使他们坐下来谈判，并签订了停战协议。抗美援朝的胜利，为我国医治长期战争创伤和后来的社会主义建设，提供了一个和平、安定的国际环境。

抗美援朝传捷报，打得美李仓惶逃，全国人民齐努力，捐献飞机和大炮，早日赶跑侵略者，祖国建设更美好。

乘凉故事会

南方的夏天是很热的。尤其是白天，直射的太阳光常常把大地烤得像火烧过的一样热。每天，只有在太阳落山以后，随着阳光消失气温才有所下降。但这时，地面又开始散发出白天所吸收的热量，所以傍晚时分天气还是相当热。特别是室内，在闷热天气里更是难忍。到了夜晚，蚊子都由室外飞向室内，黑暗的房子里到处可以听到蚊子"嗡、嗡"叫的声音，以及人们扑打蚊子的"啪、啪"声。因此，晚餐一般人家都是到室外去，在露天环境里吃。那时，要先在室外生一堆烟火以驱赶蚊子，这样就可以安心地吃晚餐了。所以，太阳落山后，家家户户都会在室外放上桌子和几个凳子，作为吃晚饭和乘凉所用。这种情况，也就自然而然地成为当时靖江农村的一道夜景。乘凉活动一般要持续到半夜时候，在天气有些凉意后才结束。这就是靖江农村的"暑夜乘凉"。乘凉的时候也是孩子们一天中最快乐的时候，他们可以三五成群地到处游玩。其中，最喜欢的是，围着大人听他们讲故事，也被人们称其为"乘凉故事会"。

小廉也是"乘凉故事会"的忠实听众。那时，喜欢给孩子们讲故事的有两位。一位是堂伯，他是一位见多识广的老人，以前曾在南京住过。在夜晚乘凉时他经常给孩子们讲一些有关南京的事，他讲过太平天国的故事，也讲过孙中山的故事以及南京的一些风景。有时也说过一些抗战时的事情，但因为那些事太伤心，他不愿多讲。另一位爱讲故事的是堂姐夫。他姓李，原是一位新四军"靖江独立团"的侦察排长。李排长家很贫困，抗日战争期间他参加了新四军。因为人很机灵，部队领导就让他担任侦察工作。他在工作中很出色，没几年就被提升为侦察排长。后来，他和堂姐结识，两人相爱后自由结婚。因为堂姐是一个独生女，李排长复原后就落户到堂姐家。他一直坚持在县内打游击，有很丰富的对敌斗争经验和经历。他也很爱孩子，喜欢和孩子们玩。特别是爱向孩子们讲故事，孩子们也喜欢听他讲的故事。他讲的大部分是抗日战争中打日本兵的故事，也有一些后来打国民党军队的故事，基本上都是他自己经历过的事。那时候他们也会遇到危险，但他往往能很机智地想到脱离危险的办法。有一次他带领一支游击队，化装进入县城，去接应一位不愿意打内战的国民党军队旅长。当他们把那位军官接出县城时，很快就被敌人发觉，敌人的追兵随后就赶到了。尽管游击队的人数并不多，但也不得不进行阻击。危急之时，接应的大部队及时来到，把追兵打退才脱离了危险。他常常把故事说得有声有色的非常吸引人，所以很受孩子们欢迎。这种乘凉故事会，使孩子们听了很兴奋，往往会讲到深夜。直到大人们招呼着该回家睡觉了，他们还都不愿意离去。

多年后，回想起那段时光，还仿佛沉浸在那令人兴奋的故事会里。

相关联接

听故事，是很多孩子都喜欢的事。通过故事，孩子们可以了解一些过去的事情。这对于孩子们的成长是有一定意义的。特别是听那些曾经参加过抗日战争的老战士，讲他们在过去艰难岁月中战斗的故事，对于年轻人也是一种进行爱国主义教育的方式。后来听人说，两位爱讲故事的老人，都已先后离开人世。如果他们的故事，还能及时收集整理，对于我们后人的教育也是很有意义的。

夏夜炎热难入睡，乘凉爱听故事会，抗战老兵讲战事，听得兴奋不想回，昔日战火已消失，和平时期不忘危。

70

做粽子

　　进入农历的四月底，传统的端午节就快要到了。这个端午节如何过，妈妈早就有她的计划了。她想:今年的端午节要多做一些粽子，一方面是让大家可以多吃一些以解馋，不至于像过去那样吃两天就没有了;另一方面，已经到夏收大忙的时候了，对于做农活的人来说，粽子可是一种快餐，在地里劳动时剥去粽子叶就能吃。那样的话，也就省去了回家做饭和吃饭的时间，可以很方便地在地里多干些农活。在粽子的品种方面，她也打算改变一下以前品种比较单一的状况。除了常见的大米粽子外，再包一些其它馅的粽子，如红枣、咸肉、红豆等几种人们爱吃的粽子。至于以前经常包的大家都不爱吃的"粗麦粽子"，也就不再包了。妈妈的计划很受欢迎。说实在的，前些年经常包的"粗麦粽子"，确实口感太差没有人喜欢吃。但那时饭都吃不饱，能吃几个"粗麦粽子"也已不错了。如今已是丰衣足食的时候了，当然没有谁还愿意再吃那种低档次的粽子。

　　进入农历五月，按计划就到了准备做粽子的时候了。做粽子很重要的材料是大米、糯米和包粽子用的粽子叶。包粽子最常用的粽子叶是芦苇叶，需要提前到河边的芦苇丛里去采集。为此，姐姐、哥哥和小廉，就忙着到河边的芦苇丛里去采芦苇叶片。三个人忙了一整天，才采到够用的芦苇叶片。接着就要到舂米坊里去舂米了。舂米也是一个很费力的活。两竹箩的稻谷，姐弟三人轮换着舂米、筛米，也用了一天半时间。回家后先要把米淘洗干净，再浸泡一夜，就已经到了包粽子的时候了。五月初四这一天也是最忙的一天，一大清早就把芦苇叶放到锅里煮开了。吃完早饭，全家人围在一起包粽子。每年小廉都看过妈妈和姐姐包粽子，对包粽子也有所了解。先将两、三片芦苇叶作部分重迭排齐，并挽成圆锥形。装上米后用粽子叶的其余部分把米包住，最后再用线绳把粽子捆结实。因为做成的粽子外形有点像牛角，所以也叫"牛角粽子"。如果要做加红枣、咸肉或其它食品的粽子，则可在米中加上相应的食品再包上就可以了。因为小廉包的粽子常常捆不结实，只能帮着捡芦苇叶，打打下手。但时间长了就有些不高兴。这时，妈妈就教他做一些不用线绳捆的玩具式小粽子。这些小粽子有的呈三角形称作"三角粽子"，呈菱角状的为"菱角粽子"，是孩子们最喜欢的。这一下他可高兴了，就边玩边做起小粽子来。

到傍晚时候，粽子终于全部做完了。做好的粽子都被装进大锅里，他生怕小粽子煮不熟，特地要把他做的小粽子放在最上面，随后就生火煮开了。煮粽子要用很长时间，所以一般都要用树墩子之类，能烧得时间比较长的柴火。几个小时后，粽子终于都煮熟了。他很着急地找出几个自己做的小粽子。就和四妹妹一起，一边吃一边玩开了。妈妈随后捡了几个大粽子，放到供桌上先让祖宗们尝尝。

端午节早上，妈妈又拿了几个粽子，带了一些纸钱和香烛，走到河边。她放上粽子，点上香火，对着小河拜了几下。最后烧了些纸钱，并把粽子也扔到河里。回家后，一家人欢欢喜喜地在一起品尝着端午节粽子。

相关联接

端午节是中国的传统节日。相传是古代楚国人民为纪念屈原投江的事。沿续两千多年，现已成为全国人民的传统节日。这里值得注意的是，在采粽子叶时要注意安全。因为，芦苇生长地多为河流、湖泊、沼泽地带，容易发生落水或深陷泥潭的事故。所以，不宜单身前去，最好结伴而行，并做好安全工作，以防事故发生。

　　五月初五端午节，纪念屈原投江劫，为国为民可亡命，中华自古多豪杰。

理想

1953 年夏天，小廉从就读的大觉镇小学里毕业了。按家乡老人们的说法:"11 岁成大人"。已经 12 岁的他，自然也算得上是一个"小大人"了。以后应该做什么，也真是到了该认真考虑的时候。当然，他自己是有些想法的。他觉得还是应该继续读中学，以获得更多知识。因为小学里学的知识还太少，仅靠这点知识很难在社会上立足。爸爸也很支持他继续学习的想法，并告诉他:如果能考上中学，就送他上中学。所以，小廉很快就报名参加县立中学的入学考试。因为当时全县只有县城里的一所公立初级中学，而当年高小毕业生却很多，所以谁也没有绝对把握能考上。到他报名时，登记的号码已到九百多。据登记的老师讲，可能是五个人中间能录取一个。显然，对他的压力也挺大。不过，凭着自己平时的学习成绩，他还是多少有点信心的。考试结束后，感到自己考得还满意，也就不再紧张了。过了将近一个月的时间，学校张榜公布了录取的号码。在榜上，小廉看到了自己最熟悉的 955 号，知道确实是考上了。兴奋得一夜都没有睡好觉，因为自己终于走出了人生的重要一步，这样才有可能谈理想，这也是他小学毕业后认真思考的问题。

离开学还有半个多月，妈妈在紧张地为他准备上中学的生活用品。首先，需要做一套外衣。中学生了，应该有一套比较好的衣服。另外，还要准备在学校住宿时的用品。离开家了，必须给他准备完全，如果要用的东西少了，就会影响他的生活，……。显然，要忙的事情还很多。而爸爸更关心的则是儿子今后的学习。以后的学习爸爸也帮不上忙，可得全靠他自己了，能行吗? 说实在的，他也没有把握。

一天傍晚，太阳刚落地不久，天还末全黑。在朦胧的夜空中，月亮就从东方升起，父子两人在屋外的大路上散步。爸爸问起他今后的打算，对将来有什么想法。小廉说:"目前，还只能考虑以后有三个可能：一是当医生，像大舅那样为人治病，解除疾病给人们带来的痛苦;二是，如果有可能的话当一个工程师，在国家建设上做一些工作;第三个想法是当一名人民教师，为国家培养更多的人才。至于最后能确定做什么，则要看以后学习的情况和国家的需要才能定。"爸爸笑着点点头说:"无论以后能做什么，都要先打好基础。只有基础打好了，才有可能做成自己想要做的事。"说完后，他抬头看了看天空中正在升起的月亮。月面有一些模糊的阴影。就说："听说月亮上并没有什么嫦娥，而是一个没有空气和水的荒凉世界，人类不知何时能登上月亮。"小廉听后接着说："要在没有空气和水的环境里生活，确实难度是很大的。不过人类是很有智慧的，将来一定会有办法在月亮上生活，如果能为此而做一些事情，那该多好啊。当然，这样一项浩大工程，不可能在短期内完成，可能需要好几代人的努力。"爸爸对儿子的回答很满意。他在想：儿子是一个有一定科学头脑的孩子，将来也许能有一些作为。

为了能够实现自己的理想，在后来的求学生涯中，他刻苦学习，努力为未来的理想打好基础。

青年学生有理想，学习就会有方向，理想务实国需要，未来建设能用上。

后记

新学期开学后，告别了童年时期生活的小弄堂，离开了父母和兄弟姐妹，当了一名中学生，住进了学校的集体宿舍。并很快就适应了新的生活和学习环境。在学校老师们的教导下，小廉努力学习每一门新功课。三年后初中毕业，又顺利进入了学校刚开办的高中班。高中毕业后考入了北京的一所重点大学——北京医学院。从此，远离了故乡。

在党和国家的培养下，经过六年的专业技术学习后，我成了一名医学工作者。当时，边疆地区需要大量建设人才，我响应国家号召志愿到新疆工作。在新疆的几十年工作中，和单位同事们一起克服了种种困难，夏顶烈日、冬冒严寒，穿戈壁，过草原，上山下乡，用所学得的知识，努力为新疆各族人民健康开展防病、治病工作。在新疆的卫生事业方面，做出了自己力所能及的贡献。

新世纪之初，因年龄关系我从工作岗位上退休。这时，母亲和父亲都已先后病逝。因多方面原因，父母病逝之时都未能回家料理后事。三年前的清明节前，兄弟姐妹们约定回乡给父母扫墓。进入故乡后，一路上看到故乡早已旧貌换新颜。原先的小弄堂已不存在，眼前到处是一栋栋小楼房。以前印象中的那些茅草房及平房都难见到。那条弯弯曲曲的进城小道也不见了，农村公路已四通八达。几十年来，儿时憧憬的社会主义景象(楼上楼下，电灯电话，……)都已得到实现。进村前，也已退休的弟弟在远处招手。他说:如果不迎接，哥哥肯定找不到家!

这次聚会也是家族中人数最多的一次。谈到农村的变化时大家都认为这几年确实很大。听大嫂说:"家里的存粮可以吃上好几年。现在每天都可以吃上两干一稀的饭，小时候曾经是一日三餐都得吃的那稀稀的'糁子粥'，现在早已不吃了。有些怀旧的人回来想吃'糁子粥'，还得到城里大饭店才有(为返乡怀旧的老年人而设的风味小吃，那价钱远高于大米饭)。"回忆起童年时代生活，特别是解放以前的生活情况，那时候连稀稀的"糁子粥"还填不饱肚子。尤其是春荒时候吃榆树叶、榆树皮、苜蓿，常常饿得头晕眼花。要想吃点荤菜，只能到港里摸一些蚬子或在河泥里捡一些螺丝。

现在生活好了，但对于那个时候的情况，年轻一代人是丝毫不知的。谈到儿时几个要好的伙伴，前几年都已相继离开人世，心中很是悲伤。按照自然规律，我们这一代人已经到了夕阳西下的时候。随后，蒙生了将童年时期所经历的一些往事编撰成册的心思。我们现在美好的日子是来之不易的，过去的战乱、贫困是不能忘记的，应该让后人了解那个历史转折时期人民生活的真实情况。新中国成立后，在党的领导下我国发生了翻天覆地变化，从一个贫穷落后的弱国，建成了强大的社会主义强国。没有共产党就没有新中国。特别是，在那个国难当头的时候，我们的祖国差点儿就被日本吞并。幸亏人民有了毛主席和共产党的领导，坚持全民抗战，才最终打败了日本侵略军，避免了亡国灭种的惨祸。历史的教训我们永远也不能忘记。更何况那些在中国犯下侵略罪行的日本军国主义者至今还阴魂不散。回想早在日本无条件投降的时候，一些不甘心失败的日本侵略者曾扬言"五年后还会回来"。现在抗战胜利已经过去七十多年了，虽然他们"再回来"的幻想未能实现，但在日本还确有那么一股势力，他们妄图否定二战成果，疯狂地进行着复活军国主义活动。对于他们的阴谋，人们还真的不能不提高警惕。

初稿草于 2015 年 7 月 26 日

定稿 2021 年 6 月 7 日于乌鲁木齐

作　　　者	王连方　傅盈嘉
書　　　名	小廉的童年
出　　　版	超媒體出版有限公司
地　　　址	荃灣柴灣角街 34-36 號萬達來工業中心 21 樓 02 室
出版計劃查詢	（852）3596 4296
電　　　郵	info@easy-publish.org
網　　　址	http://www.easy-publish.org
香 港 總 經 銷	聯合新零售（香港）有限公司
出 版 日 期	2023 年 11 月
圖 書 分 類	流行讀物
國 際 書 號	978-988-8839-01-8
定　　　價	HK$80

Printed and Published in Hong Kong